아리수문학

제**10**호 · 2024

(사)한국문인협회 서울지회 역대지부회장협의회

제9호 아리수문학 출판기념회 및 제5회 아리수문학상 시상식
■ 일시 : 2024. 7. 14

아리수문학 이모저모

아리수문학 이모저모

아리수문학 이모저모

아리수문학 제10호 • 2024

Contents

발간사	010	홍춘표	서울시민과 함께하는 아리수문학
축사	012	오세훈	도심 곳곳에 문화의 꽃이 피어나길
축사	014	김호운	문학이 일구어내는 인간 존중을 향한 《아리수문학》
초대시	017	김년균	꽃값 외 2편
초대시	023	권갑하	달항아리 –혼빛 외 2편
시	027	심의표	겨울나무의 삶 11 외 4편
역사문학평론	033	김정오	흰솔(白松)은 역사를 알고 있다
환경동화	051	홍성훈	매미의 오덕(五德) 외 1편
시	065	박하린	후회 외 4편
수필	071	홍춘표	멋있는 얼굴들 외 1편
	085	오경자	특별한 동행 외 1편
시	091	박영률	아침햇살 외 4편
	097	김영석	청포도 외 4편
	105	이강흥	천생연분 외 4편
	115	배문석	신호등 앞에서 외 4편
	123	김상경	가을 삽화 외 2편
	133	장동석	가을의 여인 외 4편
	141	곽광택	마음의 벽 외 4편
	147	권필원	해당화 외 4편
	153	김기동	장암리 첫날 밤 외 4편
	161	김종희	사랑의 힘 외 4편

Contents

시	169	노유섭	사랑벌레 외 4편
	177	서성택	충심(忠心)의 고려 등불 외 4편
	183	오진환	그리운 숲 외 4편
	189	오희창	만월 외 4편
	195	장승기	노치원을 아시나요 외 4편
	203	조남선	가을 어머니 외 4편
	209	윤수아	소리의 유혹 외 4편
평론	215	강기옥	매헌 윤봉길 —시로 읽는 구국의 결단
시	233	권순자	거품을 팝니다 외 4편
민조시	243	김진중	無爲自然·1 외 4편
단편소설	249	김유조	파파라치
시	263	박남권	그린 망고 —신내리 외 4편
문학평론	275	임영천	전형적인 한 여인의 수난사화
시	281	이진숙	고해성사 외 4편
	287	조일규	감자를 깎으면서 외 4편
시조	295	정동진	괴악신 시화진 외 4편
	301	진길자	이방인의 하루 외 4편
시	307	홍석영	기다려지니까 사랑이다 외 4편

■ 서울지회 역대지부회장협의회 임원 조직 · 8
■ 아리수문학회 정관 · 313
■ 아리수문학상 운영규정 · 321
■ 아리수문학상 역대 수상자 · 327

＊서울지회 역대지부회장협의회 임원 조직＊

직 책	성 명	이메일(E-mail) 주소
고 문	심의표	ep0304@hanmail.net
	김정오	jungokim@hanmail.net
	홍성훈	simon309@hanmail.net
명예회장	박하린	pos9811@hanmail.net
회 장	홍춘표	hcp430107@hanmail.net
부 회 장	오경자	kjoh1942@hanmail.net
	박영률	holyhill091@hanmail.net
	김영석	iam-yskim@hanmail.net
	이강흥	gh7577@hanmail.net
	정정순	jjsoon8585@naver.com
감 사	배문석	pms582000@hanmail.net
	김상경	kimsg_19@hanmail.net
홍보위원장	장동석	stone2277@naver.com
이 사	곽광택	978924@daum.net
	권필원	kpilwon@naver.com
	김기동	yeinpoet@daum.net
	김종희	gongpoem@naver.com
	노유섭	nysh21@daum.net
	서성택	sst@hanmail.net
	오진환	oh3454@korea.com
	오희창	samhodang@hanmail.net
	장승기	
	조남선	sun-1948@hanmail.net
사무총장	윤수아	sooah83@hanmail.net

아리수문학

제10호 • 2024

(사)한국문인협회 서울지회 역대지부회장협의회

발간사

서울시민과 함께하는 아리수문학

홍 춘 표
〈아리수문학회 회장〉

《아리수문학》 제10집을 발간하면서…….

문학헌장 첫 번째, 문학은 인간의 삶에 기여하는 예술이다. 우리는 이 숭고한 정신에 동참한다. 라고 알려주고 있습니다. 문학은 언어와 감정의 복합적 예술로 사회 정화를 위해 무한한 노력이 필요하다고 생각합니다.

2013년 아리수문학이 태동하였습니다. "시작은 미약하였으나 나중은 심히 창대하리라."라는 말처럼 《아리수문학》지 제10호를 발간하게 되었습니다. 10년이면 강산도 변한다는 말처럼 아리수문학이 급변하고 있습니다.

아리수는 서울특별시 수돗물을 상징합니다. 사람은 물 없이 살 수 없습니다. 물은 옥수 같이 깨끗해야 시민들이 마실 수 있습니다. 아리수문학은 아리수와 함께 서울 시민들과 동행하면서 문학의 꽃을 피우리라 생각합니다.

2022년 회장으로 취임한 지 2년이 경과하였으나 표시나게 큰 성과 없이 소임을 다하게 되었습니다. 임원진과 회장님들의 단합된 정신과 문학 활동으로 문학의 향기가 서울 전역에 곳곳마다 향수처럼 발하리라 믿습니다.

아리수문학은 과거보다 변화된 오늘을 만들어야 하고 현재보다 더 발전된 미래의 문화예술을 창조하여야 합니다. 그러기 위해 작가 상호 배려하면서 인고의 필력으로 왕성한 활동이 필요하다고 생각합니다.

열과 성을 다해 작품을 출품한 작가들에게 감사드리며 임원진들 모두에게 격려의 말씀을 드립니다. 제6회 아리수문학상을 수상하는 배문석 작가와 김영석 작가와 가족들에게 전체 회원들과 함께 축하드립니다.

아리수문학 작가들이 우리나라 문화융성의 금자탑을 세우기 바라며 문운이 가득하기를 염원하면서…….
본회의 발전을 위해 축하와 격려의 글을 주신 오세훈 서울특별시장과 김호운 한국문인협회 이사장께 감사드립니다.

2024. 12.

축사

도심 곳곳에 문화의 꽃이 피어나길

오 세 훈
〈서울특별시장〉

안녕하십니까. 서울특별시장 오세훈입니다.

제10호《아리수문학》발간을 진심으로 축하드립니다. 서울 문화예술의 발전을 위해 늘 애써주시는 한국문인협회 서울지회 역대지부회장협의회 홍춘표 회장님과 회원 여러분의 열정에 감사와 존경의 박수를 보냅니다.

《아리수문학》은 서울 문화예술의 소중한 문학적 자산입니다. 세상을 보는 따뜻한 시선과 깊은 사색이 담긴 작품들을 통해 서울의 다채로운 모습을 재발견하고, 시민 여러분께 희망과 용기, 따스한 위로를 전하고 있습니다. 앞으로도 문학에 대한 회원 여러분의 변함없는 애정과 헌신으로 계속해서 멋진 작품 활동을 이어가 주시길 기대합니다.

서울시는 시민이 일상 속에서 자연스럽게 문학을 접하는 품격 있는 도시를 만들어가기 위해 노력하고 있습니다. 도심 곳곳에 문화의 꽃이 피어나고, 특별함이 일상이 되는 문화 도시로 거듭나는 데 한국문인협회 서울지회 역대지부회장협의회가 늘 동행해 주시기를 바랍니다.

다시 한번, 제10호《아리수문학》발간을 축하드리며, 회원 여러분의 건강과 문운을 기원합니다.
감사합니다.

2024. 12.

축 사

문학이 일구어내는
인간 존중을 향한 《아리수문학》

김 호 운
〈한국문인협회 이사장〉

  2025년 을사년은 상서로운 '푸른 뱀의 해'라고 합니다. 올 한 해 아리수문학이 한 걸음 더 나아가는 발전과 회원 여러분의 문운이 크게 빛나길 기원합니다.
  제10호 《아리수문학》 출간을 축하합니다. 《아리수문학》이 제10호까지 이룩하기까지는 홍춘표 회장님을 비롯하여 임원들과 회원 여러분의 열정에 빛나는 성과라고 봅니다.

  마침내 우리나라에도 노벨문학상 수상작가가 탄생했습니다. 지난해 10월 한강 소설가가 노벨문학상을 수상한 일은 작가 개인의 영광이기도 하지만 우리나라의 국격이 세계 문화의 중심으로 나아가는 큰 기쁨이기도 했습니다. 아울러 우리 정부나 국민 모두 문학의 가치를 새롭게 인식하게 한 중요한 동기가 되었습니다. 이 모든 변화는 작가 한 사람의 창작 활동의 성과이기도 하지만, 그동안 어려운 환경에서 한국문학을 빛내주신 문인들의 훌륭한 활동 또한 그 밑거름이 되었습니다. 또한, 우리 협회 회원이신 한 분, 한 분 문인들의 헌신이 모여서 우리 협회에서도 문학발전을 위해서 많은 일을 할 수가 있었습니다. 참으로 고귀하고 감사한 일입니다.

　문학은 사람과 자연을 탐구하는 인문학이자 예술입니다. 문인들이 창작한 훌륭한 작품은 독자에게 전달되어 생활 속에 녹여져야 그 역할과 기능을 다합니다. 이번에 펴내는《아리수문학》이 바로 그러한 역할을 합니다. 많은 독자에게 전해져서 문학이 숲을 이루고, 우리 사회가 밝고 아름다워지기를 함께 소망합니다.

　저는 계속해서 '문학을 존중하고 문인을 존경하는 사회를 만들자' 라는 인식 변화 운동을 합니다. 바로 그러한 역할을 하고자 하는《아리수문학》에 기대가 큽니다. 우리 문인들끼리 먼저 문학을 존중하고 문인을 존경한다면 우리 사회의 인식도 바뀌게 될 겁니다. 그 구심점에《아리수문학》이 훌륭한 역할을 해주시리라고 봅니다.《아리수문학》제10호 출간을 다시 한번 축하드립니다.
감사합니다.

2024. 12.

초대글_시

김 년 균

- 제24대 한국문인협회 이사장 역임
- 1972년 《현대문학》에 수필, 《풀과 별》로 시 등단
- 시집으로 『사람』, 『풀잎을 자라나라』, 『아이에서 어른까지』,
  『하루』, 『사람의 마을』, 『오래된 습관』, 『숙명』, 『자연을 생각하며』,
  『사람을 생각하며』, 『우리들이 사는 법』, 『자연이다』 등
- 수필집으로 『날으는 것이 나는 두렵다』, 『사람에 관한 명상』 등
- 한국현대시인상, 윤병로문학상, 윤동주문학상, 창조문예문학상 등 수상

꽃값 외 2편

길가의 꽃가게에서 꽃나무를 산다
초록빛 바다처럼 출렁이는 잎사귀에
금세라도 벌 나비들이 널어들 듯이 화사한 꽃들,
못다 핀 꽃망울이 가지마다 줄줄이 맺혀 있다
꽃나무가 불현듯 욕심나서 값을 물으니
비싸진 않지만, 타고난 버릇을 놓지 못해
기어코 값을 깎아내린다

손주놈 받들듯 조심스레 품에 안고 집에 돌아와
꽃나무를 큰 화분에 옮겨 심는다
처음엔 아무렇지도 않은 듯 태연했으나
나무는 무엇이 못마땅한지 토라지며 시큰둥해진다.
몸값을 깎았다고 심통이 난 것일까?
남에게 무시당한 게 억울했을까?
시간이 지나도 좀체 발전이 없다
맺혀 있던 꽃망울은 터질 기미가 없고
출렁이던 잎사귀들도 기운을 잃고 축 늘어진다

어쩌면 좋을까? 몇 날을 두고 마음 졸이다가
문득, 윗집 할아버지의 말씀이 금언처럼 떠오른다

- 싸구려는 믿지 마라! 비쌀수록 보석이니라!
아차, 실수로다! 요런 멍청이!
나는 어제의 젖은 옷을 벗어버리고 벌거숭이가 되어
밤새도록 허공만을 헤매다 마침내 무릎 꿇는다
미안하다, 내가 세상 물정을 몰랐구나

멸치

조상 탓인지 남보다 체구가 작았던 나는
어릴 적부터 심술궂은 동네 애들로부터 따돌림을 당했다
걸핏하면 '멸치도 생선이냐' 며 뒷전에 밀쳐냈다
그런 까닭인지 나는 작은 게 싫었다
장차 크면 '멸치' 가 안 되겠다고 골백번 다짐했다

한데, 세월이 가니 세상이 달라졌다
작은 고추가 맵다는 것을 깨달은 것이다
고추가 인기를 끌자 멸치에 대한 세상인심도 바뀌고
이젠 아무도 멸치를 두고 헐뜯거나 무시하지 않았다

어느 날, 바닷가 포구에서 아내가 멸치 한 박스를 사왔다
더없이 반가웠다
멸치는 실제 남보다 작은 게 사실이지만
단지 그뿐, 다른 생선과 다를 바 없다
고래나 상어와 같이 바다가 터전인 어족魚族이다
어린애 손가락처럼 귀여운 그놈을 한 마리씩 붙들고서
머리를 자르고 배를 따고 창자를 발라내고
그러자니 상당한 시간과 정성이 필요하다

그런 다음, 그놈을 프라이팬에 넣고
기름을 발라 살살 볶아놓으니,
달콤하고 고소하고, 참으로 별맛이다
어디서 이보다 귀한 보물을 찾을 수 있을까?
입 안에 들자마자 금세 바다가 열리고
휘적휘적 헤엄치며 놀아나는 멸치들,
씹으면 씹을수록 싸악싸악 바닷소리가 난다

요즘엔 멸치값이 부쩍 오른다고 한다
그놈의 가치를 더욱 높은 반열에 올려세우려나 보다
하긴 쓸모없이 허우대면 크면 무얼 하나?
심술쟁이 허풍선이 같은 시커먼 먼지구름 다 흘러가고
티없는 하늘만 드높이 솟아오른다면, 얼마나 좋을까?
우리들의 꿈도 그 위에 몽실몽실 피어오른다면
바다를 휘젓는 멸치떼처럼 우르르 몰려든다면

자연 생각

자연을 생각한다

해와 달과 별들 가득한 무한 광대의 우주를, 그 안에서 제 몸 굴리며 오롯이 생명을 짓는 지구를, 거기 널려 있는 산과 바다와 강과 벌판과 삭막한 사막을, 하루도 쉬지 않고 끊임없이 떠도는 천지 만물들, 이른바 바람과 구름과 눈비와 나무와 풀과 새와 짐승과 더불어 제 몫의 시간을 오가는 땅의 온갖 도반을, 저들과 손잡고 살아가는 사람들을 생각한다, 모두가 꿈 많은 자연이다

무정한 세월의 울타리에 갇혀서 허영만 일삼다가 어느덧 해지는 저녁이 밀려오면, 혹은 대지의 거름이 되고 혹은 짓밟힌 흙이 되고 혹은 보이지 않는 무엇이 되어 어딘지 모르는 곳으로 사라져버린다 해도, 행여 그게 부끄러워 명치끝이 저려와도, 이 또한 지상의 별들의 타고난 운명이려니, 혹여라도 무시하고 괄시하며 돌아설 일이 아니로다 모두가 빛나는 자연이다

자연은 어디에나 한량없지만, 짚어보면 오로지 크고 소중할 뿐 작은 게 없다 하늘은 저들이 끝내 죽지 않는 보배이기 바라지만, 웬일인지 넘어지고 부러지고 시들고 떨어지기 능사거늘, 그 일이 애달파 이승 밖을 떠돌며 발만 동동 구르는 자 얼마나 많은가, 하물며 걱정이나 한숨인들 그칠 날 있으랴

새벽마다 소리 없이 내린 이슬을 보라!
풀잎마다 촉촉이 젖은 저 눈물을 보라!

초대글_시

권 갑 하

- 서울강남문인협회장 역임
- 시조시인. 문화콘텐츠학 박사
- 1992년 〈조선일보〉, 〈경향신문〉 신춘문예 등단
- 시조집 : 『겨울 발해』 등 여러 권
- 문학평론집 : 『현대시조와 모더니즘』 등 2권
- 수필집 : 『하얀 인연』 출간
- 2011년 중앙시조대상 등 수상

달항아리 외 2편
– 혼빛

빈 듯 가득 찬 듯
거룩한 적막 같다

오래 사위어간
숨결마저 해묵은

빛바랜
어머니 무명
희끗희끗 비친다

달항아리
– 청빈

꽃도 마다하고
새도 날려 보내고

허기마저 내색 않는
묵묵한 저 기품

밤이면
달빛을 감고
어둠 훤히 밝히네

달항아리
– 중용

굽이 좁은 만큼 바람의 키를 낮추고

속의 것 다 비우니 색마저 한빛이다

삼가듯 혼자일 때도 가지런한 몸가짐

회원 _ 시

심 의 표
〈고문〉

- 서울금천문인협회 3대, 4대 회장 역임
- 사) 한국문인협회 자문위원
- 사) 국제PEN한국본부 자문위원
- 사) 한국창작문학인협회 이사장
- 계간 《한국창작문학》 발행인
- 사) 한국문협 금천지부 고문(현)
- 사) 한국문협 서울지회 역대지부회장협의회 초대회장(현 고문)
- 문학상 : 세종문화예술상 문학대상, 이육사문학상 대상 외 7회
- 시집 : 『섬은 바다에 누워』 외 11권
- 기타 : 문제학생지도서 외
- 기타 상 : 교육감 표창2, 장관 표창1, 대통령 표창1, 국민훈장1 등

겨울나무의 삶 11 외 4편

가슴 깊이 묻어 둔
수많은 사념(思念)

도도한 넋 추슬러
불멸의 밤을 흔들어 깨우고

매서운 역풍(逆風)
거센 눈보라도 인내하며

이방인(異邦人) 같은 고독
뜨거운 사랑으로 다독이면서

굳어진 세월의 매듭
올올이 풀어가고 있구나!

겨울나무의 삶 12

자연의 섭리(攝理) 좇아
거역 없는 순수(純粹)의 삶

언덕 너머 평화의 종소리
가득 울려 퍼지면

봄, 여름, 가을, 겨울
찬연(燦然)한 삶을 위해

조용히 마음 다스려
꽃눈 한껏 품고 서 있구나!

겨울나무의 삶 13

살을 에일 듯 매서운 삼동(三冬)
눈보라 휘몰아치는 태풍에도
흔들림 없이 뿌리 내리고

수많은 영욕(榮辱)과 허세
겨울바람의 등에 실어 보내고
울 없이 사는 청빈(淸貧)

부귀영화(富貴榮華)도 뿌리치고
의연(毅然)히 살아가는 너의 삶
인간의 늪에 심었으면 좋으리.

참회의 눈물 2

지축(地軸)이 흔들릴 듯
뇌성이 일면
빙하(氷下)의 터널에선
오색 별빛 곤두박질하고
눈빛으로 주고받는 밀어들이
분주히 오고 가지……

순간과 영원이
교차하는 숨 가쁜 한 마당
빽빽이 늘어선
신 내린 꽃제비들
신굿에 강신무(降神舞) 되어

천태만상으로 망아의 늪을
소요(逍遙) 하다가
운명의 벼랑 끝에 내몰리면
참회의 눈물 숨기려고
빈 가슴 쥐어뜯고 있네.

가치 지향적 삶

이 세상 살아 숨쉬는
온갖 생물체
삶과 죽음은 같으리니

풀과 나무, 벌과 나비
하루살이의 삶
모두 한결같다 하니

누가 더 긴 세월
호화로운 삶
살았느냐가 아니라

얼마나 멋있고 값지게
살다 가느냐가
문제라 하데 그려……．

회원_평론

김 정 오
〈고문〉

- 서울강서문인협회 초대회장 역임
- 수필가 · 문학평론가 · 숭실대 교육학박사
- 경기대 · 중국연변대학교 겸임교수
- 러시아 국립극동연방대학교 교환교수 역임, 현 명예교수
- 안중근의사 기념관 홍보대사, 한겨레역사문학연구회 회장
- 한국문인협회 이사, 현 자문위원, 국제펜한국본부 이사(역)
- 한국일보 수필공모 심사위원장(역)
- 사) 한국문협 서울지회장협의회 회장(역)
- 사) 왕인문화원 사료편찬위원장,《지구문학》편집인
- 수필집 :『빈 가슴을 적시는 단비처럼』,『그 깊은 한의 강물이여』,
  『앙서기질 악서기질』,『한이여 천년의 한이여』,
  『지금 우리는 어디쯤 와 있는가』,『아름다운 삶을 위하여』,
  『푸른솔 이야기』,『다석 유영모의 사상연구』외 논저 및 평론 다수

■ 역사문학 평론

흰솔(白松)은 역사를 알고 있다

서울 종로구 북촌로 15(옛 주소 재동 35~83번지)에 헌법재판소(憲法裁判所)[1]가 있다. 그 뒤뜰에는 우리역사를 지켜보면서 천연기념물 제8호로 점지되어 있는 흰 소나무(白松)[2]가 서 있다. 상록 침엽교목으로 백년해로(百年偕老)[3]라는 아름다운 꽃말을 지니고 있는 이 흰솔(白松)은 높이가 20m, 지름 1.7m의 크기를 자랑한다.

이 흰솔(白松)은 햇(太陽)빛을 좋아한다. 그러나 어릴 때에는 그늘진 곳에서도 잘 자라고 추위도 잘 견뎌내는 나무로 알려져 있다. 다만 잔뿌리가 적어 옮겨심기가 어려우며 자라는 속도가 아주 느리고 번식이 잘 되지 않은 귀한 나무이다. 꽃은 4~5월에 피고, 열매는 10월에 맺는다.

가지가 많아 나무가 둥그렇게 보인다. 잎은 길이 7~9cm로 세 개가 끝이 붙어서 난다. 암꽃과 수꽃은 5월에 같은 나무에 따로따로 조그만 솔방울처럼 핀다. 열매는 씨가 크며 다음해 9~10월에 익는다. 모양은 난형이고, 길이 6cm, 너비 4.5cm 정도의 크기를 갖고 있다. 색깔은 갈색을 띠고 옆에는 주름이 많이 나 있다. 나무껍질은 회백색을 띠며, 처음에는 밋밋

---

1) 법률의 위헌 여부·탄핵 등에 대하여 심판하는 기관《9명의 재판관으로 구성됨》.
2) 흰 솔(白松; Pinus Bungena)-늘 푸르고(常綠) 가는 잎(針葉)을 가진 큰(喬木) 소나무. 애솔나무(苗木)일 때의 껍질은 회청색(灰靑色)이다가 커가면서 흰 회색(灰白色;白堊色)이 된다. 암수(雌雄) 세 잎(三葉)을 가졌으며, 5월에 꽃이 핀다. 수꽃 웅화수(雄花穗)는 길쭉하고 가는 모양(橢圓形)이고, 암꽃 자화수(雌花穗)는 달걀처럼(卵形)생겼다. 솔방울은 둥글고(毬果) 씨가 크며, 10월에 여문다. 중국에서는 집 짓는 자재로 쓰였지만 우리나라는 정원수로 으뜸을 친다.
3) 백년해로(百年偕老) 부부가 되어 한평생을 사이좋게 지내고 즐겁게 함께 늙음.

하고 보통 다른 나무들과 비슷하지만 차차 큰 비늘처럼 벗겨지기 때문에 얼룩지게 된다.

이 흰솔(白松)의 고향은 중국이다. 그런데 우리나라에는 언제 들어왔는지 알려지지 않고 있으며, 높은 산이나 언덕에서 자라는 희귀한 소나무로 알려져 있다. 지금 서울종로구 재동 헌법재판소 뒤뜰에 서 있는 흰솔(白松) 말고도 서울특별시 용산구, 종로구 수송동, 경기도 고양시 등의 흰솔(白松)들이 천연기념물로 점지되어 있다. 재동의 흰솔(白松)은 그 가운데 가장 나무 나이(樹齡)가 많은 으뜸나무이다.

우리나라의 흰솔(白松)은 서울에 네 그루, 지방에 네 그루, 모두 여덟 그루가 있었다. 그 뒤 열두 그루가 되었다가 일곱 그루는 삶을 끝냈고, 다섯 그루가 천연기념물로 점지 받았다. 그러나 이제는 흰 솔(白松) 씨를 심어 많은 흰 솔(白松)들을 길러내고 있다. 예로부터 흰 솔(白松)이 많으면 나라에 좋은 일이 일어난다고 알려져 왔다.

1831년 러시아의 학자 알렉산더 폰 봉게(Alexander von Bunge)박사가 처음으로 학계에 발표하여 알려진[4] 천연기념물로 점지된 흰솔(白松)은 우리나라에 모두 다섯 그루가 알려져 있다.

서울 재동 흰솔(白松) – (천연기념물 제8호)
서울 조계사 흰솔(白松) – (천연기념물 제9호)
고양 송포 흰솔(白松) – (천연기념물 제60호)
예산 용궁리 흰솔(白松) – (천연기념물 제106호)
이천 신대리 흰솔(白松) – (천연기념물 제253호)

천연기념물로 점지되었다가 죽거나 휴전선 북쪽에 있어서 해제된 일곱 그루가 있다.

그 이름들을 본다

---

4) 전영우; '우리소나무'. '현암사' p.212 참조.

서울 통의동 흰솔(白松) (천연기념물 제4호)
서울 내자동 흰솔(白松) (천연기념물 제5호)
서울 원효로 흰솔(白松) (천연기념물 제6호)
서울 회현동 흰솔(白松) (천연기념물 제7호)
경남 밀양의 흰솔(白松) (천연기념물 제16호)
충남 보은의 흰솔(白松) (천연기념물 제104호)
북한 개성의 흰솔(白松) (천연기념물 제81호, 북한 천연기념물 제390호)

흰솔(白松)은 십 년에 겨우 1미터쯤 큰다. 게다가 번식력이 매우 낮아 자생지였던 하북, 산동, 산서, 감숙, 호북성에서도 보기 어렵다. 우리나라에서 흰솔(白松)은 서예가이자 금석학자, 실학자로 우러름 받는 추사 김정희(秋史金正喜)의 고택(古宅), 충남 예산군 신암면 용궁1길 21-29에 있는 흰솔(白松)이 널리 알려져 있다

순조 6년 1809년 추사 김정희(秋史金正喜)가 25세 때(1810) 아버지 김노경(金魯敬)[1766~1837]이 동지부사로 연경(燕京)에 갈 때 자제군관 자격으로 함께 갔다가 돌아 올 때, 흰솔(白松) 씨를 얻어와 고조부 김흥경(金興慶, 1667~1750)[5]의 묘소 터에 심었다.

밑에서부터 세 갈래인 흰솔(白松)은 나무나이(樹令) 약 200년이며, 높이 약10m이다. 천연기념물 제 106호로 점지되어 아낌을 받고 있다. 추사의 서울 집(本邸)에도 영조가 내린 흰 솔(白松)이 있었다. 추사의 증조할아버지 김한신(金漢藎) [1720~1758]이 영조의 둘째 딸인 화순옹주(和順翁主)와 결혼하여 살던 집(월성위군) 앞마당에 있던 흰솔(白松)이다.

추사는 어린 시절 서울 통의동 35의 3번지의 집에서 흰솔(白松)을 보면서 실학자 박제가의 제자가 되어 가르침을 받았었다. 그러나 천연기념물 제4호로 아낌 받던 이 흰솔(白松)은 1990년 큰바람(突風)에 쓰러져 삶을

---

5) 조선의 문관 관료이다. 추사 김정희의 고조부이고, 영조와 사돈지간이다.

끝내고 말았다. 나무높이 16미터로 여섯 갈래였던 이 흰솔(白松)은 뿌리 목 밑 등 둘레만 5미터이며, 나무나이(樹슈) 6백년이었다.

12 그루의 천연기념물 흰솔(白松) 가운데 서울 통의동 흰솔(4호가 삶을 마치자 내자동 흰솔(5호,) 원효로 흰솔(6호), 회현동 흰솔(7호), 밀양 흰솔(16호), 경기도 개풍 개성리의 흰솔(81호), 보은의 흰솔(104호) 등 7그루도 삶을 다하고 말았다.

그러나 서울 재동(齋洞)의 흰솔(8호), 수송동 흰솔(白松)(9호), 경기도 고양시 송포동 흰솔(白松)(60호)과 예산 추사고택의 흰솔(白松)(106호), 이천 흰솔(白松)(253호) 등 5그루의 흰솔(白松)은 천연기념물로 점지되어 지금까지 아낌을 받고 있다.

고양시 송포동(현: 고양시 일산서구 덕이동산 207)의 흰솔(白松)은 선조 때 중국 사신이 두 그루의 흰솔(白松)을 선물로 가져왔다. 그 가운데 한 그루를 유하겸(兪夏謙)[6]이 심었다는 기록과 함께 (천연기념물 60호)로 점지 받았다.

또 2백여 년 전 남명학파(南冥學派) 김탁계(金濯溪)도 중국에서 흰솔(白松)을 가져와 충청도 보은군 어암리에 심어서 천연기념물(104호.)로 이름을 올렸으나 삶을 끝냈다. 그러나 충북 단양과 북한의 평안도에 몇 그루가 남아 있어 천연기념물로 점지 되었다고 알려져 있다.

우리나라에서 가장 우람하고 아름다운 흰솔(白松)은 서울시 종로구 북촌로 15 재동 35번지의 헌법재판소 뒤뜰에 서 있다. 나무 나이(樹슈), 600년을 자랑하는 흰솔 앞에는 우리말과 영문(Lacebark Pine(Pinusbungeanu Zucc) of Jae-dong)으로 된 안내판(案內板)이 있다.

---

6) 유하겸(兪夏謙) - 1632년(인조 10)~미상. 조선 중기의 문신. 1669년(현종 10) 기유식년사마시(己酉式年司馬試)에 진사 3등으로 합격, 1672년(현종 13) 임자별시문과에 병과 5등급제. 사간원정언·헌납, 사헌부장령, 예조참, 승지 등 역임, 외직으로 선산부사, 경주부윤 등을 지냈다. 1677년(숙종 3) 서장관으로 연경(燕京)에 다녀왔다. 肅宗實錄, 承政院日記, 國朝榜目, 高陽郡誌 1987

지정번호 천연 기념물 제8호인 이 흰솔(白松)은 높이 17m, 뿌리목 밑 부분 둘레가 4.25m나 된다. 나무 밑 부분에서 75cm정도의 높이 두 갈래로 나뉘어져 우람하게 뻗어 있다. 이 흰솔 그림이 청와대 대통령 집무실(대회의실) 앞 벽면에 오래 동안 걸려 있었다.

헌법재판소 뜰에 서 있는 흰솔(白松)

이 흰솔은 노송(老松)의 우람한 위용을 자랑하며, 수도 한복판에서 경복궁과 창덕궁, 창경궁을 옆에 두고 역사의 흐름을 지켜보고 있다.

최명희는 노송의 장엄한 모습을 소설 혼불에서 이렇게 예찬했다.

"물고기 비늘 같은 노송(老松)의 송린(松鱗)은 차라리 용의 비늘이라 하는 것이 옳더라, 그 둥치의 기상이 땅의 정기를 뽑아 올려 하늘로 토하는 용트림 그대로 인데 어떤 이는 화제(畵題)에 적갑창발(赤甲蒼髮)[7]이라 쓰기도 한다. 소나무가 붉은 비늘 갑옷을 입고, 그 머리를 검푸르게 두른 모양을 말한다. 〈중략(中略)〉 본디 소나무(松)란 유덕(有德) 심정(心正)한

---

7) 적갑창발(赤甲蒼髮) - 소나무가 붉은 비늘 갑옷을 입고 그 머리를 검푸르게 두른 모양.

단인 정사(端人正士)의 품격으로, 기개는 준초(峻峭)하고 자태는 잠룡(潛龍)이니, 이 속된 세상의 먼지 속에 서 있으나, 저 깊숙한 산곡(山谷)에 홀로 서 있으나, 그 나무 있는 곳은, 물 속 같은 유곡(幽谷)의 그윽함을 느끼게 한다. 비록 젊어도 예스러운 풍치를 저절로 지니고 있는 것이 소나무이지만 또 해가 묵어 둥치가 늙어도, 늙을수록 그 자세와 기상이 힘이 있고, 젊어서 감히 범하기 어려운 것이 소나무인지라, 신묘한 풍모라 아니하랴, 무릇 형체 가진 것 중에 그만큼 아름다운 모양과 기(氣)를 타고나기가 쉽지 않을 것이다. 〈중략〉

어떤 것은 곧게 뻗어 직간(直幹) 대송(大松)이 하늘을 찌를 것 같은데, 또 어떤 것은 살지고 윤택해서 풍모 넉넉하고 어떤 것은 가지 꺾인 자리가 해 묵어 마원(馬遠)이 그린 파필(破筆)의 노송인 양 고기(古氣)가 울연(蔚然)하더라."[8]

처음으로 슬픈 일을 보게 된 흰솔(白松)

윗글에 적갑창발(赤甲蒼髮)이라는 낱말을 백갑창발(白甲蒼髮)로 바꾼다면 헌법재판소 뒤뜰에 있는 흰 솔의 모습 그대로이다. 1452년(단종 1년) 10월에 나라에 큰 일이 일어났다. 7삭 동이 한명회(韓明澮1415~1487)가 정권욕에 불타 수양을 업고, 단종을 몰아내고자 음모를 꾸미고 있었다. 그러나 육진을 개척한 충신 김종서(金宗瑞)[9]와 영의정 황보인(皇甫仁)[10], 등이 걸림돌이었다. 한명회는 그들을 포함한 충신들을 처참하게 죽

---

8) 혼불 제3권 제6장의 귀천편(貴賤篇) p.147 이하.
9) 김종서(金宗瑞, 1383~1453) 조선 초기의 문신. 자는 국경(國卿), 호는 절재(節齋)이다. 1405(태종 5)년에 문과에 급제하고, 함길도 절제사를 거쳐 우의정을 지냈다. 육진(六鎭)을 개척하여 두만강을 경계로 나라 땅을 넓혔다. 고려사를 개찬(改撰)하고,《고려사절요》의 편찬(編纂)을 감수했다. 수양 대군에 의하여 두 아들과 함께 죽임을 당하고, 대역 모반죄로 효시(梟示)되었다.
10) 황보인(皇甫仁, 1387-1453) 조선 전기, 좌의정, 영의정부사, 영춘추관사 등을 역임한 문신.판중추원사 형조판서 예문관대제학 정초(鄭招) 등과 함께 진서(陣書)를 찬진(撰進)하였다. 병조판서, 평안·함길도도체찰사로 파견되었고 의정부좌참찬 겸 판병조사(議政府左參贊兼判兵曹事)로서 국왕을 항상 호종할 정도로 아낌을 받았다.

이는 사건을 일으켰다. "계유정란(癸酉靖亂)[11]"이다.

그때 흘린 피가 온 마을에 흘렀고, 피비린내가 진동했다. 마을 사람들이 재〔灰〕를 가지고 나와 핏 길을 덮었다. 그때부터 잿골〔灰洞〕이라 부르다가 재동(齋洞)으로 이름이 바뀐 것이다. 이 참극을 핏빛도 잿빛도 아닌 하얀색 옷을 입고, 보고 서 있던 흰솔(白松)은 모두 보고 있었을 것이다. 그때 흰솔(白松)의 마음은 어떠했을까?'

훗날 재동 흰솔(白松)은 풍양 조씨 집안의 조상경(趙尙絅)[12] 대감이 주인이 되었다. 조대감은 영조 때 판서를 아홉 번이나 지내면서 세도정치를 했던 사람이다. 순조 19년(1819년) 조씨 집안 12살짜리 어린 딸이 효명세자(孝明世子)[13]의 빈에 간택되어 창덕궁으로 들어갔다. 그녀가 효명세자의 부인이자 헌종의 어머니로, 구한말 대원군과 함께 고종을 왕위에 올릴 때, 결정적인 역할을 행사하였던 '신정왕후(神貞王后)' 조대비(1808-1890)이다.

1863년 고종이 왕위에 오를 때 흰 솔(白松)이 있던 조대비 친정집은 연암 박지원의 손자 박규수(朴珪壽)가 주인이 되었다. 놀라운 일은 이 흰 솔

---

11) 계유정난(癸酉靖亂)-1453년(단종 1) 수양대군이 조카 단종(端宗)에게서 왕위를 빼앗고자 일으킨 사건. 수양대군은 문종(文宗)의 뜻을 받들어 단종을 보필하던 김종서(金宗瑞), 황보인(皇甫仁) 등 수십 인을 살해하고 실권을 손아귀에 넣었다. '난(亂)을 다스렸다'는 뜻인 '정란(靖亂)'이라는 이름이 붙은 것은 수양대군이 김종서 등이 역모를 꾸몄다는 핑계로 그들을 제거하였기 때문이다. 수양대군의 왕위 찬탈 과정 전체를 통칭하는 뜻으로 계유정난이라 하기도 한다. 계유정난, 이징옥의 난(李澄玉-亂) 등을 통해 힘을 기른 수양대군은 정란 2년 뒤 단종을 폐위시키고 왕위에 올랐다. 조선 제 7대왕 세조(世祖)이다. 이후 사육신(死六臣) 사건 등 단종 복위 운동(端宗復位運動)이 일어나며 혼란스러운 정국이 이어졌으나, 세조는 왕권을 확고히 하여 손자 성종(成宗)의 치세로 이어지는 터를 닦았다. 그러나 공신(功臣) 책봉을 남발하여 훈척세력이 늘어났다는 비판을 받았다.

12) 조상경(趙尙絅 1681년(숙종 7-1746년(영조 22) 본관풍양(豊壤) 조선시대 판서, 한성부관윤, 조선후기 병조판서, 판돈녕부사, 한성부판윤 등을 역임. 공신의 후예이며 노론의 중심인물 시호는 경헌(景獻)이다. 『숙종실록(肅宗實錄)』

13) 효명세자(孝明世子)-1809년(순조 9)-1830년(순조 30) 조선 23대 순조의 아들로 19세기 초 안동 김씨 세도에 맞서 개혁을 추진한 왕세자. 그때, 조선의 현실은 암담했으며, 양반들의 도덕성은 땅에 떨어졌고 관리들의 착취는 극에 이르렀다. 게다가 자연재해와 사회불안이 겹치면서 백성들은 떠돌이가 되었다. 망국의 징조가 닥쳐왔다. 그때 힘없는 국왕을 대신해 정사를 도맡은 효명세자는 정조시대의 영광을 꿈꾸며 개혁을 추진했으나 21세에 요절했다.

(白松)은 나라가 어지러울 때는 그 크기를 멈추기도 하고, 주인의 영화에 따라서 색깔의 흰빛이 변하기도 한다는 것이다.

이를테면 조 대비의 활약이 가장 활발할 때–다시 말하면 철종이 승하하고, 조대비가 대원군과 함께 고종을 왕위에 올릴 때– 가장 흰빛을 더했다는 것이다. 어린 고종을 섭정(攝政)하던 대원군은 조대비 힘을 빌려 안동 김씨 세도를 몰아내고, 왕의 힘을 다시(王政復古) 찾았다. 이 모든 일들을 흰솔(白松)은 지켜보고 있었다.

그러나 경술국치 이후 주인 잃은 집터에서 나라까지 잃었던 36년간은 흰솔(白松)은 크기를 멈추었다. 그러다가 나라를 다시 찾은 1945년부터 천천히 제 모습을 찾게 되었다. 흰 솔(白松)의 새로운 주인이 된 박규수(朴珪壽)는 누구인가?

흰솔(白松) 닮은 박규수의 개화사상

박규수(朴珪壽)는 이용후생과 실학사상을 이끈 북학파의 대표 연암 박지원(燕岩 朴趾源)의 손자이다. 북학파는 서양과 중국, 일본처럼 개혁, 개방을 주장했다. 그런데 북학파 주장을 받아드렸던 정조가 1800년 갑자기 세상을 떠났다.

북학파는 찬바람을 맞았다. 박지원도 1805년 재동에서 삶을 끝냈다. 박지원의 아들 박종채가 그 아버지를 말했다. "아버지 문집을 발간하려다가 내용을 보고 놀라 멈춰버렸다." 북학파의 주장이 너무 앞선 사상이었기 때문이라는 것이다. 박지원이 세상을 떠난 2년 뒤 손자가 태어났다.

그가 박규수이다. 할아버지를 닮은 재능이 격세로 이어져, 문재(文才)와 세계관이 남달랐다. 박규수는 1866년 평안도 관찰사로 갔다. 그 5년 뒤인 1871년 신미년 미국 "화륜상선 제너럴셔먼(General Sherman)호가 허락도 없이 대동강을 거슬러 올라오면서 쑥 섬 곁에 닻을 내리고 통상을 강요하였다. 게다가 평안 중군 사령관을 사로잡고 위협 발사까지 했다.

이 포탄에 맞아 백성들이 죽기까지 했다. 성난 백성들이 제너럴셔먼(General Sherman)호를 불태워 버렸다.

박규수는 쇄국정책을 펴던 흥선대원군 눈에 들었다. 3년 뒤 서울 시장인 한성부 판윤과 형조판서에 이어 대제학 우의정이 되었다. 개화파 거물이 권력 한가운데에 들어섰다. 박규수는 두 번이나 북경에 사신으로 갔다. 그때 영불 양국의 현대식 무력 앞에 청국이 맥없이 무너지는 현실을 보았다.

돌아오는 길에 할아버지 연암처럼 유리창(琉璃廠)[14]에서 많은 책을 사 가지고 와 읽었다. 그리고 남행상안계문(南行上案啓文)이라는 상소를 올렸다. 거기에는 러시아의 야심과 청나라의 위기를 알리고, 세계의 정세를 알아야 한다고 건의하였다. 그리고 일본과 국교를 열고, 선린 책을 써야 한다고 주장했다.

1874년(고종11년) 6월에도 대원군에게 다른 나라들의 잘사는 실례를 들면서 서양 문물의 좋은 점을 본받아야 한다고 상소를 올렸다. 서양과 통상을 하면 화물에 관세를 매겨 나랏돈을 모을 수 있으며 나라의 힘이 커진다고 주장하였다. 그러나 받아 드려지지 아니하였다.

재동은 개화의 텃밭

1874년(고종11년) 관직에서 물러난 박규수의 사랑방에 재야 학자들과 불우한 서자, 역관, 한약사, 중인 출신들이 모여들었다. 홍영식과 김옥균, 박영효, 서광범, 유길준 그리고 역관 오경석, 한약사 유홍기 등 당대의 인제들이었다. 그들은 새로운 세상을 이루기 위해 개혁을 꿈꾸었다. 이들 가운데 대감출신 박규수와 역관출신 오경석, 그리고 한약사 유홍기를 개

---

14) 베이징(북경) 천안문 광장 남서쪽에 있는 유리창(琉璃廠)은 고서적, 골동품, 서화작품, 문방사우 상가들이 있는 문화예술의 거리다. '유리창' 이름은 13세기 원나라 때 유리기와를 굽던 황실 가마터였다가 17세기 청나라 때, 서점가가 들어섰다. 18세기 후반 '사고전서' 편찬 작업때, 전국 각지에서 엄청난 양의 고서들이 몰려들면서 성시를 이루었다.

화파 3인방이라 한다.

특히 역관 오경석(吳慶錫, 1831~79)은 북경을 열세 차례나 드나들며 서구 제국주의의 침략에 시달리는 청나라의 모습을 보았다. 그리고 우리나라가 자주적으로 개화해야 한다고 깊이 깨달았다.

신용하 교수는 "오경석을 당시 우리나라에서 첫 번째, 개화사상의 깃발을 든 선각자"라고 말했다. 오경석은 1840년에 비롯된 아편전쟁[15]과 1851년에 일어난 태평천국의 난[16]으로 청나라가 망해 가는 모습을 북경에서 직접 눈으로 보고 왔다.

그래서 우리나라도 빨리 새로운 세상에 눈을 떠야 한다고 생각하여 청나라에서 간행된 『해국도지(海國圖志)』, 『영환지략(瀛環志略)』, 『박물신편(博物新編)』, 『양수기제조법(揚水機製造法)』, 『중서견문록(中西見聞錄)』 등의 서적을 사왔다.

유대치는 역관의 아들로 의원(醫員)이 되었지만, 오경석과 자주 만나 의기투합하여 개화를 반드시 이루어야 한다고 깨닫고 김옥균을 개화파로 끌어들인 인물이다.

박규수는 할아버지 박지원(朴趾源)의 연암집(燕巖集)을 교재로, 후학들에게 새로운 세상과 사상을 가르치면서 많은 영향을 주었다. 박규수는 서양에 관한 이야기를 하면서 책을 읽도록 권장했다. 이들은 선배 북학파들이 좌절을 맛보면서 불우한 권력을 맴돌던 사람들이 아니었다. 같은 시대를 살았던 단재 신채호는 이 무렵 박규수의 가르침을 '지동설의 효력'이라는 글월로 썼다.

"박규수가 벽장에서 지구본을 꺼내 김옥균에게 보였다. 박규수가 지구본을 한 번 돌리고 선 가로되 "저리 돌리면 미국이 중국이 되며, 이리 돌리면 조선이 중국이 되어, 어느 나라든지 중국이 되나니, 오늘에 어디 정

---

15) 아편전쟁(阿片戰爭) 1840년 영국에서 들어오던 아편을 청나라가 막자 영, 청 두 나라가 전쟁을 했다.
16) 태평천국난(太平天國亂)은 1850년~1864년까지 중국에서 일어난 의 큰 내전.

한 중국이 있느냐?' 개화를 주장하던 김옥균도 그때까지 중국을 높이는 것이 옳다 하는 사상에 속박되어 국가 독립을 부를 일은 꿈도 꾸지 못하였다가 크게 깨닫고 무릎을 치고 일어났다. 박규수의 지구 돌림에 김옥균의 손바닥이 울려 혼(魂)이 돌았다.-신채호, 〈지동설의 효력〉 신채호가 한 줄 덧붙였다. "이 끝에 갑신정변이 폭발되었더라."[17]

박규수의 제자들은 개혁에서 한걸음 더 나아가 혁명을 꿈꿨다. 그 집터가 지금 서울 종로구 재동 83번지 헌법재판소 자리다. 흰 소나무(白松)는 오늘도 그 자리에 서 있다. 이들은 흰 소나무(白松) 아래서 새로운 나라의 청사진을 그렸다. 흰 솔(白松)은 언제나 그 모든 것을 지켜보고 있었다. 재동 83번지는 북학파 후손들이 개혁을 꿈꾸던 곳, 조선의 흥망성쇠와 대한제국이 멸망하는 과정이 응축(凝縮)돼 있는 곳이다.

훗날 갑신정변을 이끌었던 인물들과 또 한사람 유길준이 있었다. 박규수와 유길준의 만남은 남달랐다. 박규수의 조부 박지원과 유길준 고조부 유한준은 선산 이장 문제로 감정의 골이 깊어져 철저히 등 돌린 집안이 되었다.
1871년 박규수가 홍문관 대제학으로 있을 때, 과거시험에 장원급제한 답안을 보니 유길준이었다. 두 집안은 오랫동안 등지고 살았는데, 박규수가 유길준에게 말했다. "어른들이 풀지 못했던 감정을 우리가 풀어드리자." 둘은 목숨보다 더 아끼는 사제지간이 되었다.
박규수의 아버지 박종채도 문장의 도(道)를 세운 박지원의 피를 이은 자손답게 맑고, 깨끗하고 아름다운 삶을 살았다. 박규수도 그렇게 살았다. 올곧은 선비 가문의 후손으로서 개화부강 책을 주장했던 할아버지 박

---

[17] 박종인, 조선일보, 2017. 08. 24., 참조

지원의 온건 개화사상을 이어 근대사에 돋보이는 사상적 선구자가 되었다. 그래서 할아버지 연암과 함께 역사에 아름다운 이름을 길이 남기고 있다.

재동 박규수를 찾아온 사람 가운데 특별한 사람이 있었다. 조선 23대 국왕 순조의 아들 이영(李旲, 효명세자(孝明世子, 1809~1830)였다. 그가 일찍 세상을 떠나지 않았다면 정조대왕 같은 성군이 되었을 것이다. 1825년 음력 5월 6일 창덕궁 후원에 있는 연경당[18]에서 살던 효명세자가 할머니 수빈박씨[19] 사당 경우궁을 찾아 예를 올렸다.(순조실록)

그날 걸어서 10분 거리인 재동 박규수 집을 찾았다. 연암 박지원을 잘 알고 있던 영특한 세자가 그 후손을 찾은 것이다. 박규수가 열여덟 살, 세자가 열여섯 살이었다. 두 사람은 삼경(밤 11시~새벽 1시)까지 대화를 나눴고 이후 박규수는 궁궐을 처주 찾게 되었다.

박규수의 아버지 박종채가 쓴 〈과정록(過庭錄)〉[20]에 이렇게 기록했다. "기축년(1829년) 세자가 아버지(박지원)가 남긴 글을 올리라 분부했다. 훗날 돌아온 책을 보니 책마다 접어둔 곳이 한두 군데가 아니었다. 대개 나라를 다스리는 방책을 강구한 대목 가운데 자신의 생각과 맞는 게 있으면 표시를 해둔 것이다."

아버지 순조를 이어 대리청정을 하던 세자(世子)였다. 온 겨레가 크게 기대했던 영특한 앞날의 개혁군주였다. 세상은 안동 김씨들이 세도정치

---

[18] 창덕궁 연경당(昌德宮 演慶堂) 대한민국 보물 1770호(2012년 8월 16일 지정) '연경(演慶)'은 경사가 널리 퍼진다는 뜻. '궁궐지'에는 순조 28년에 총 120칸으로 건립하였다는 기록이 있고, '동국여지비고', '한경지략'에는 순조 27년 건립하였다고 기록되어 있다. 순조의 대리청정을 3년간 맡았던 효명세자의 얼이 서려 있는 연경당은 22살의 나이에 요절한 젊은 세자의 애잔함이 서려 있다. 정조가 갑작스럽게 죽은 지 30년 만의 불행은 조선왕조의 절망도 함께 찾아왔다.
[19] 수빈박씨-1770년(영조 46)~1822년(순조 22)-조선 제22대 정조의 후궁. 본관은 반남(潘南). 좌찬성 박준원(朴準源)의 딸이며, 어머니는 원주원씨(原州元氏)이다.
[20] 과정록(過庭錄) 연암 박지원의 아들 박종채가 연암의 삶과 평소 언행과 업적을 자세히 기록한 책.

를 하였고, 나라는 어지러웠다. 스물한 살 되던 이듬해 세자가 갑자기 세상을 떠났다. 세자와 함께 개혁을 벼르던 박규수는 '환재(桓齋)'라는 자신의 호 앞 글자를 굳셀 환(桓)에서 재갈 환(轘)으로 바꿔버리고 환재(轘齋) 박규수(朴珪壽)라는 이름으로 20년간 세상과 담을 쌓고 살았다.

세자와 개혁사상가 박규수가 만나던 후원 문이 요금문(曜金門)이다. 일제강점기 때 이리저리 찢겨나간 창덕궁 서쪽 담장에 숨어 굳게 닫혀 있다.[21] 그 사이 순조가 죽고 일곱 살짜리 왕 헌종에 이어 강화도령, 철종이 임금이 되었고 조선은 시대와 뒷걸음질을 하면서 무너져 가고 있었다.

박규수는 가슴에 품었던 큰 뜻을 이루지 못하고 1876년 운양호 사건을 빌미로 일본함대가 강화도 앞까지 들어와 굴욕적인 강화도조약[22]을 맺던 그해 섣달 흰 눈이 쌓이는 날, 흰 소나무(白松)가 지켜보는 서울 재동 집에서 조용히 눈을 감았다. 그 후 그의 사상은 온건 개화파인 김윤식(金允植), 어윤중(魚允中)과 김옥균(金玉均), 유길준(兪吉濬)등의 급진파에게까지 영향을 끼쳤다.

훗날 춘원(春園) 이광수(李光洙)는 박영효와 대담을 나누고 이렇게 글로 썼다.

"당시의 신사상(新思想)은 내 일가 박규수 집 사랑채에서 나왔소. 나와 김옥균, 홍영식, 서광범, 내 백형(박영교)은 재동 환재 대감 집에 모이곤 했소. 우리는 (박지원의 문집인) 〈연암집〉에서 양반귀족들을 공격하는 연암의 글로부터 평등사상을 배웠소."(박영효씨를 만나다, 이광수 1931년 〈동광〉19호)

---

21) 박종인-땅의 歷史, 조선일보 2017. 8. 24, A22p 참조
22) 강화도 조약(江華島條約)-1876년 2월 27일 조선과 일본 제국 사이에 체결된 조약. 정식 명칭은 조일수호조규(朝日修好條規)인데, 병자수호조약(丙子修好條約), 또는 강화도 조약(江華島條約)이라 한다. 1875년 일본이 군함을 이끌고 조선의 영해에 불법 침입한 뒤 무력 시위를 일으킨 뒤, 이듬해 강화도 연무당에서 조선 외교 대표와 맺은 조약이다.

그리고 그 보다 더 훗날 이규태(李圭泰)[23]는 역사산책에 이렇게 썼다. "개국과 부국의 병행으로 스스로 나라의 문을 열지 못한 사상적 요절이었다...." 고 이규태는 또 "만약 박규수의 부국강병책이 부수된 개국 정책에 당대 정객이 호응하는 정치적 세력들이 모여지고, 대원군의 박력 있는 추진이 있었다면 재동의 흰솔(白松)은 보다 더 흰빛을 더해 눈부셨을지도 모른다."

박규수가 세상을 떠나고 8년 뒤인 1884년 제자들이 급진 혁명을 일으켰다. 갑신정변(甲申政變)[24]이다. 혁명은 3일 천하로 끝나고, 실패한 혁명가들은 모두 나라밖으로 떠났다. 김옥균은 망명지에서연재 암살됐고, 홍영식은 처형돼 시신이 갈기 길기 찢겨졌고, 가족들은 모두 독약을 먹고 자살했다.

피칠갑(-漆甲)[25]으로 빈집이 되었던 홍영식의 집은 이듬해 미국 선교사 겸 의사 알렌(H. N. Allen)[26]이 병원 제중원(濟衆院)[27]의 문을 열었다. 오늘의 헌법재판소 부지 안쪽이다. 훗날 박규수의 집은 독립협회 초대 회장을 지냈던 개혁파 안경수(安駉壽)[28] 집이 되었다. 안경수는 고종 부부를 미국 공사관으로 안내하려다 뜻을 이루지 못하고 일본으로 몸을 피했다.

---

23) 이규태(李圭泰. 1933~2006)1-언론인. 전주사대, 연세대 졸업. 전북대, 명예문학박사. 조선일보 논설위원으로 [조선일보]에 1983년~2006년까지 〈이규태 코너〉를 23년 동안 6702회 연재, 한국 언론사상 최고 기록을 세웠다. 많은 식견과 깔끔한 문체로 쓴 그의 글월은 한겨레 우월주의를 부추겼다는 평을 받기도 했다. 연세언론인상, 삼성언론상 특별상, 한국신문상, 서울시문화상, 문화훈장은관 등 수상.
24) 갑신정변(甲申政變)-조선 고종 21년(1884) 갑신년에 김옥균·박영효 등의 개화당이 민씨 일파를 몰아내고 국정을 쇄신하기 위하여 일으킨 정변.
25) 온몸에 피를 칠한 것처럼 피가 많이 묻어 있는 것, 형태 나눔 (+피+(한국식 한자)漆甲)
26) 알렌(H. N. Allen)은 1884년 9월, 내한했던 한국 최초의 개신교 선교사로 "미국의 조선 주재 외교관으로, 활동했다. 한국 이름은 안련(安連)이다. 한국 최초의 서양식 병원 제중원을 세우고, 민영익을 치료한 이야기는 잘 알려져 있다.
27) 제중원(濟衆院)-1885년 4월 10일, 최초의 서양식 왕립병원으로 설립, 당시에는 광혜원(廣惠院)이었다. 개원 13일 만인 4월 23일 백성을 구제한다는 뜻으로 제중원(濟衆院)이라 이름 했다.
28) 안경수(安駉壽)-본관은 죽산(竹山 1853년~1900년) 경기도 안성, 조선 말 친일 성향 개화파 정치인, 독립협회 초대 회장. 금수회의록 저자 안국선 숙부, 무용가 최승희 남편 안막의 종조부. 최승희의 시아버지가 안국선.

안경수는 1900년에 귀국했으나 평리원 재판장 이유인(李裕寅)²⁹⁾에 의해 고문으로 죽었다. 이유인은 고종과 민비에게 빌붙어 국정을 농락하던 무당 진령군(眞靈君)의 수양아들이다. 그의 국정농단 과정은 이렇다

1882년(임오년) 6월9일 경영군(京營軍)³⁰⁾들이 대궐로 쳐 들어오는 임오군란(壬午軍亂)³¹⁾이 일어났다. 권신으로 원한을 샀던 이최응·민겸호·김보현은 죽임을 당했고, 민비(閔妃)는 가마를 타고 여주를 거쳐 장호원으로 몸을 피했다.

대원군이 국정을 맡았다. 민비가 피난할 때 이씨(李氏)라는 무당이 찾아와 환궁할 날을 말했다. 그 날짜가 들어맞자 중전이 무당을 데리고 궁으로 돌아왔다. 그때부터 무당은 민비 곁을 지켰다.

민비는 관우(關羽)를 관성제군(關聖帝君)이라는 신으로 받드는 도교(道敎)³²⁾의 법식에 따라 무당에게 진령군(眞靈君)이라는 칭호를 내렸다. 무당은 수시로 고종과 민비를 만났고, 벼슬아치들이 그 앞에서 머리를 조아렸다.

그때, 무과를 했으나 떠돌이였던 이유인(李裕仁)을 무당이 고종과 민비에게 천거하여 궁으로 불러 들였고, 얼마 안가서 이유인은 양주목사까

---

29) 이유인(李裕寅)-대한제국 때, 한성부판윤, 중추원부의장. 천주교 조선교구장 뮈텔(Mutel, G. C. M.) 주교를 고종에게 소개하여 국호(國號, 大韓帝國)와 연호(年號, 光武) 제정을 도왔다. 1898년 법부대신과 고등재판소장을 겸할 때와 김홍륙 독차사건(金鴻陸毒茶事件)을 처리할 때, 왕의 전교 사칭 죄로 유십년(流十年)에 처하여졌다가, 1899년 특면(特免) 복직되었다. 1900년 을미사변을 일으킨 일본을 규탄하는 시무15조를 올렸으며, 평리원재판장서리 때, 을미사변과 연루된 안경수(安駉壽)·권형진(權瀅鎭)을 고종에게 알리지 않고, 교형(絞刑)에 처한 죄로 철도(鐵島)에 유배당하였다. 1902년 말 탁지부대신임시서리가 되었고, 한성부판윤·시종원경·경무사 등을 역임한 뒤, 1904년 중추원부의장이 되었다. 『고종실록(高宗實錄)』『음청사(陰晴史)』『한국통사(韓國痛史)』『대한매일신보(大韓每日申報)』
30) 경영군(京營軍)-조선시대 서울에 있던 훈련도감(訓鍊都監)·금위영(禁衛營)·어영청(御營廳)·수어청(守禦廳)·총융청(摠戎廳)·용호영(龍虎營)의 총칭. 조선중앙군(朝鮮中央軍)
31) 임오군란(壬午軍亂)-1882년 7월 23일~8월 30일-1882년 해고된 구식 군인들의 13개월 동안 밀린 임금을 정부가 모래가 섞인 불량쌀로 지급하여 일어난 군란이다.
32) 도교(道敎)-노자(老子)를 교조로 하는 중국의 다신적 자연 신선 사상의 종교

지 이르렀다. 그는 무당 진령군과 모자의 연을 맺고 북묘(北廟)에서 머물렀다. 세상에 온갖 추한 소문이 나돌았다.

경술년(1910년) 나라가 망하자 황현(黃玹·1855~1910년)이 절명시를 짓고 자결했다. 선생이 기록한 '매천야록(梅泉野錄)'이 전하는 망해가는 조선의 민낯이다. 남이 칼로 쳐서 해하기 전에 스스로 칼로 친다고 한다. 백 년 전 우리 역사가 그랬다.[33]

박규수 집은 1884년 갑신정변 당시, 우정총국 총판 홍영식의 집이 되었다. 홍영식이 처형당한 뒤 그의 집은 1885년 서양식 병원 제중원이 되었다가 제중원이 1886년 지금의 을지로로 옮겨간 뒤, 그해, 안경수가 이 집 주인이 되었다.

독립협회 초대 회장이었던 안경수는 1898년 일본으로 망명했다가 1900년 역모 죄로 사형 당했다. 그 뒤 이 집은 이완용과 이윤용의 아버지 이호준의 집이 되었다. 풍운한말비사[34].

1897년 고종은 나라이름을 마한(馬韓), 진한(辰韓), 변한(卞韓)의 옛 삼한(三韓)을 뿌리로 한 큰 나라라는 뜻으로 대한제국(大韓帝國)[35]이라 했다. 민비도 명성황후(明成皇后)가 되었다.

---

33) 강원도민일보. 남궁창성, 2025. 1. 20.
34) 풍운한말비사-윤효정(尹孝定 1858(철종 9)~1939), 한말 애국지사. 호 운정(雲庭). 경기도 양주 출신. 1894년(고종 31) 갑오경장 이후 탁지부주사, 1898년 독립협회 간부 때 고종양위음모사건에 관련, 일본 망명. 고베(神戶)에서 박영효(朴泳孝)·우범선(禹範善) 등과 조일의숙(朝日義塾)을 꾸려 유학생을 가르쳤다. 우범선이 민비시해사건 관련자라는 것을 알고 고영근(高永根) 등을 시켜 우범선을 죽였다. 1905년 귀국 후, 이준(李儁)·양한묵(梁漢默)과 헌정연구회(憲政硏究會)를 꾸려, 의회 중심 입헌정치를 꾀하였다. 1906년 장지연(張志淵) 등과 대한자강회(大韓自强會)를 꾸리고 애국인사 포섭, 교육확장과 산업개발을 통한 한국의 자강독립을 위한 단체로 전국 25개 지부 설치.《대한협회회보》·《대한민보》를 간행, 일제 통감정치, 친일매국단체 일진회(一進會) 규탄, 1908년 전국 60여 지부 결성, 회원 수만 명에 강력한 애국단체로 성장. 1910년 일제 강점으로 은거하다 1919년 3·1운동 후, 강원도 철원에 은거, 1924년 경기도 양주군으로 왔다. 1931년부터《동아일보》에〈풍운한말비사〉연재, 1930년대 홍만자회(紅卍字會) 한국지부의 일을 맡았다.
35) 대한제국(大韓帝國)-조선 고종 34년(1897) 8월~1910년 10월 나라가 무너질 때까지 우리나라 국호.

뒤이어 1919년 상하이(上海) 임시정부에서 '대한민국(大韓民國)'이라는 국호를 쓰기 비롯했고, 1948년 정부를 세울 때, 대한민국(大韓民國)의 나라 이름을 썼고, 광복이 되고 다시 나라를 세울 때, 대한민국으로 국호를 정해, 오늘에 이르고 있다. 여기서 짚고 넘어가야 할 일은 같은 해 한반도 북쪽에 세운 나라는 '조선'으로 나라이름(國號)을 쓰고 있다.

　1900년, 대한제국 정부는 이 집터에 국립병원 광제원을 열었다. 1907년 광제원이 대한의원과 통합되어 떠난 뒤, 1908년 순종은 관립한성고등여학교(오늘의 경기여고)[36]를 이곳에 세웠다. 이때부터 흰솔(白松)은 신여성들에게 아낌을 받으며 새로운 역사의 숨결을 받아들였다. 경기여고가 강남으로 옮겨가고, 그 자리에 창덕여고[37]가 있다가 1989년 송파구 방이동으로 옮겨 갔다. 그 뒤 그 자리에 헌법재판소(憲法裁判所)[38]가 들어섰다. 흰솔(白松)은 오늘도 옛 그 자리에 그대로 서서 역사의 모든 일을 낱낱이 지켜보고 있다.

---

36) 경기여고-1911년 31명의 1회 졸업생을 배출 후 100년간 3만 8000여 명의 졸업생을 배출했다. 1910년 나라가 망하면서 일제는 덕수궁 땅을 찢어 팔기 비롯했다. 조선시대 역대 임금의 초상화가 걸려 있는 선원전과 왕과 왕비의 혼백을 모시던 홍덕전을 모두 헐고 싼 값으로 내놓았다. 학교 부지가 좁아 고민하던 한성고등여학교가 이 땅 4,500평을 사서 이사 갔다. 6.25전쟁 때 경기여자중고등학교가 되었다. 1971년 중학교 평준화조치로 여중 폐교. 1988년 경기여자고등학교는 강남 개포동으로 옮겨갔다.
37) 창덕여고-1941년 4월 2일 경성제삼고등여학교로 개교. 1945년 공립학교가 됨. 1947년 서울제삼여자중학교로 교명 변경. 1949년 7월 종로구 재동 옛 광혜원 자리로 오면서 창덕여자중학교로 이름을 바꾸고 1950년 5월 제1회 졸업생을 배출. 1951년 창덕여자 중 고등학교가 되었다. 1973년 서대문구 정동으로 이전, 1974년 방송통신고등학교 부설. 1989년 2월 서울 송파구로 옮겨갔다.
38) 헌법재판소(憲法裁判所)-법률의 위헌 여부·탄핵·정당의 해산 등에 대하여 심판하는 기관, 9명의 재판관으로 이루어졌다.

회원_동화

홍성훈
〈고문〉

- 서울종로문인협회 5~6대 회장 역임
- 경기도 이천 출생
- 고려대학교 언론대학원 신문방송학과/ 국민대학교 정치대학원
- 사) 한국아동청소년문학협회 이사장
- 사) 한국문인협회 아동문학분과 회장, 사) 한국문협 서울지회 부지회장
- 사) 한국아동문학회 초대이사장 역임
- 사) 국제PEN 한국본부 이사, 사) 한국현대시인협회 이사
- 사) 한국문협 서울종로문인협회 고문
- 한국타고르문학회 회장
- 사) 한국문협 서울지회 역대지부회장협의회 고문(3대 회장 역임)
- 수상 : 한국신문협회회장, 한국문협작가상, 국제PEN문학상.
  옹달샘 한 · 중 아동문학상 외
- 저서 : 『아버지를 사가세요』, 『남편을 팔았어요』, 『피자 나오셨습니다』,
  『하늘이 화났어』 외

■ 환경동화

매미의 오덕(五德) 외 1편

"야! 너희들 왜 떼거지로 날아다니며 파리 망신을 시키냐?"
"뭐라고, 망신?"
"그래, 너희들 때문에 요즘 우리 파리들이 얼굴을 들고 다닐 수 없다니까"
"참, 어이가 없네, 누가 누구 망신을 준다는거야?"
어느 여름날, 도심의 가로수 위에서 붉은등우단털파리(love bug-사랑벌레)와 파리 한 마리가 말싸움을 하고 있다.

여름이 막 시작될 무렵이었다. 도심에 갑자기 까만 날벌레들이 쌍쌍으로 날아들기 시작했다. 한두 마리가 아니었다. 처음엔 가정집 베란다 방충망에 한두 마리가 붙어 있는 것이 보이더니, 화단이며 가로수 등 여러 장소에서 헤아릴 수 없을 만큼 많은 벌레 떼들이 나타나 사람들이 기겁하는 소동이 벌어졌다. 이 벌레들은 특히 암·수가 짝짓기를 하는 상태로 날아다녀 불쾌감을 느끼는 사람들이 많았다.
'아이 징그러워'
'벌레들이 이렇게 많은데 왜 방제를 안하는 거야!'
사람들이 민원을 제기하고 방송국에서도 취재를 나와 뉴스에 보도가 되자 긴급방제가 시작되었다. 그 소식을 들은 파리가 붉은등우단털파리에게 항의하고 있는 것이다.

"야, 붉은등우단털파리, 너희 이름에서 파리를 떼어 버리든지 해야지, 파리들이 창피해서 얼굴들고 못살겠다."

"뭐, 창피하다고? 내 이름에 파리가 붙었다고 너와 같은 파리인줄 알아?"

"파리면 다같은 파리지 너희는 뭐 특별한 파리라도 되냐?"

"뭘 모르는군. 우리는 너희와 다르다구! 이름도 붉은등우단털파리로 달라, 완전히 다른 종류야."

"그래? 다르다면 우리 파리가 너희보다 훨씬 멋지다는 말이겠지~. 너 혹시 '에펠탑'이 있는 도시 이름이 뭔지 알아?"

"당연하지, 예술과 낭만이 있는 '프랑스 파리'를 모를까봐."

"그 이름이랑 우리 '파리' 이름이 같잖아. 우리 파리가 그만큼 멋지다는 말이라고."

"하하하, 어이없다. 프랑스 파리랑 이름이 같은게 대단한 일이냐?"

"그 뿐인줄 알아. 유명 빵집들도 우리 이름을 붙인 곳이 많거든."

"참, 너 정말 웃긴다. 이름이 유명한 파리하고 같으면 뭐해, 사람들한테 피해만 주면서. 너희들은 먹을거리가 있는 곳이면 어디든 찾아가서 염치 불구하고 이것 저것 맛을 보고 먹는데 그건 정말 비위생적이란 말이야."

"그건 말이지, 모든 파리들의 어쩔 수 없는 생존수단이라고……."

기세가 등등하던 파리가 자신 없는 말투로 말했다.

"그것뿐이 아니잖아, 너희들은 평소에 무슨 잘못을 그렇게 많이 해서 손이 발이 되도록 빌고 다니냐?"

"뭐라고! 너 말 다했어?

"그러니까 남을 비난하기 전에 너희 자신을 돌아보란 말이지."

"흥! 잘난척 하기는."

"잘난척이 아니라 사실을 말하는 거야. 너희 파리들은 사람들에게 피해를 주는 해충에 속하잖아. 우리들은 사람들 보기는 징그러울지 몰라도 알고 보면 인간에게 이로움을 주는 익충(益蟲)이라고, 알겠냐?"

파리는 괜히 싸움을 걸었다가 호되게 당하고 말았다.

'치- 잘난척은, 같은 파리 주제에……'

파리가 눈을 흘기며 혼잣말을 했다.

붉은등우단털파리가 교만한 말투로 다시 말했다.

"우리들은 말이야, 주로 낙엽이 쌓인 곳에 살면서 토양을 비옥하게 만들지. 또 우리들의 성충은 꿀벌처럼 꽃의 수분을 돕는 화분*을 매개하는 역할을 하지. 그뿐인 줄 알아, 쓰레기를 먹어 치워 환경을 깨끗하게 만들어 환경정화에 많은 도움을 주고 있다구!"

"뭐 그렇게까지 과장할 필요는 없잖아. 같은 파리 주제에."

파리가 얼굴을 붉히며 말했다.

"얘가 말을 못알아 듣네, 같은 파리가 아니라고 몇 번을 말해야 알겠냐?"

붉은등우단털파리는 답답하다는 듯 가슴을 쳤다.

곤충은 가장 오랫동안 이어져 온 생물종*이다. 열대에서 극지방까지, 갯벌에서 사막까지, 땅속에서 하늘 창공에 이르기까지 곤충이 없는 곳은 없다. 동물의 70%는 곤충인 셈이다. 인류는 인구 대폭발의 시기를 지나고 있지만, 지구상에는 사람 1명당 곤충이 2억 마리의 비율로 존재하며 지금 지구상에 존재하는 곤충의 수는 바닷가 모래알만큼이나 많은데 현재까지 알려진 135만여 종의 동물 중에 무려 96만 종이 곤충으로 분류된다. 곤충이야말로 지구상에서 가장 오래되고 가장 끈질기며 가장 번성한 육상동물이라 할 수 있다.

곤충이 이렇게 번성한 바탕에는 식물이 있었다. 많은 곤충이 식물과의 공진화*를 통해 진화성과 다양성을 키워왔다. 그 결과 현존하는 곤충의 30%는 오로지 식물만 먹는 식물성 곤충이며, 전체 식물 종의 70%를 차지하는 속씨식물 중 90%가 곤충을 통해서만 꽃가루받이를 할 수 있다. 그렇게 식물과 곤충은 수억 년 동안 완벽한 승자도 패자도 없는 미묘한 균형을 이루어 왔다.

그런데 인간이 식물과 곤충의 공존 시스템에 끼어들어 영향을 끼치고 있다.

농사를 통해 인위적으로 소수의 특정 식물 종의 수와 밀도를 기형적으로 증가시켰고 살충제의 개발로 인해 곤충과 식물을 대량으로 살상했다. 먹을 수 있는 식물은 작물이라고 애써 가꾸는 반면에 그 작물의 성장을 방해하는 식물들을 잡초라 부르며 마구 뽑아냈다. 사람들에 의해 대규모 서식지가 파괴되고 지구 온난화로 인한 기후변화로 식생 분포가 큰 폭으로 변동하면서 오랫동안 안전적으로 유지해 왔던 곤충과 식물의 안정적 균형이 심각하게 깨지고 있다.

붉은등우단털파리(러브 버그)도 산에서 사는 곤충인데 산 주변이 마구 파헤쳐지고 개발되면서 기온상승으로 인한 기후변화와 온난화로 한반도의 기후가 '아열대성'으로 변화하면서 그 수가 급속도로 증가하게 되었고 사람들이 사는 곳까지 날아와 괜한 욕을 먹고 있는 것이다.

붉은등우단털파리가 갑자기 한숨을 쉬며 말했다.

"우리들이 이렇게 많이 생겨난 것도 인간들이 무분별하게 자연을 파괴하고 오염시킨 잘못인데 이젠 우리들이 보기 징그럽다고 살충제를 뿌려 죽이려고 드니 화가 난다고."

"왜? 너희들은 익충이라며. 그런데도 너희를 죽이려고 한다고?"

"그래, 하여튼, 사람들은 모든 게 자기들 마음대로야."

"몰랐냐, 인간은 원래 그래. 그것이 지금까지 살아남아 온 인간의 '이기적 유전자' 라는 것이야."

"맞다. 맞아-, 이기적 유전자!"

"인간들이야말로 지구에게 해충같이 말썽을 피우며 괴롭히면서 애꿎은 우리 벌레들만 탓한다니까. 꼭 여름철 매미 떼 울음소리보다 더 시끄러운 존재들 주제에."

이때, 나무 그늘에 앉아 잠시 여름날의 뜨거운 태양을 피하고 있던 매미가 화난 목소리로 말했다.

"뭐라고! 매미 떼가 어쨌다고? 너희들 왜 가만히 있는 나를 끌어 들이는 거야!"

붉은등우단털파리와 파리가 놀란 얼굴을 붉히며 말했다.

"아~ 매미님 미안해요, 옆에 계신 줄도 모르고, 헤헤헤."

파리가 연신 손을 비비며 말했다.

"아니, 그럼 옆에 없으면 욕해도 된다는 거야?"

"아! 아니, 그런 건 아니구요. 매미님 죄송해요~"

붉은등우단털파리도 연신 날개를 파닥이며 용서를 구했다.

"좋아 용서해 주겠어. 하지만 옆에 누가 있건 없건 항상 말 조심들 하라구."

"예, 그럴께요. 화 푸세요 매미님. 그런데 매미님은 왜 그렇게 날마다 목이 쉬도록 우는 거예요? 힘들지도 않아요?"

파리가 습관처럼 손을 비비며 말했다. 그 모습이 비굴해 보였다.

"우리도 짝짓기를 위해서 우는 거야. 우리는 온도가 높고 밝은 빛을 따라 우는데, 요즘은 인간들이 밤에도 환하게 불을 켜 놓으니 낮과 밤을 구분할 수가 없단 말이야. 그래서 시도 때도 없이 울다 보니 쪼끄만 파리한 태도 시끄럽다는 소릴 듣게 되고, 이거 점잖은 체면이 영 말이 아니게 됐다니까."

"아~ 그러시군요. 몰랐어요. 헤헤헤~"

그러자 매미가 어깨를 추켜세우며 말했다.

"너희들 혹시 나에 대해 오덕(五德)이라고 하는 말 들어는 봤겠지!"

"오덕이요? 처음 들어보는데요."

"뭐라고! 나에 대한 오덕을 모른다고?"

매미의 거들먹거리는 모습에 파리가 입을 삐쭉이며 혼잣말을 했다.

'오덕인지, 호떡인지 우리가 어떻게 안담……'

"좋아, 이 매미님의 오덕에 대해 알려주지."

"아~ 네네~"

"매미의 오덕은 말이야, 문(文)·청(淸)·염(廉)·검(檢)·신(信)이라고 한단다."

"그게 무슨 뜻인데요?"

붉은등우단털파리와 파리가 고개를 갸우뚱하자 매미가 다시 말했다.

"오덕의 첫째, 문(文)은 머리 모양과 곧게 뻗은 긴 입 모양이 선비의 갓끈을 닮았다고 하여 문이라 한단다. 둘째 청(淸)은 맑은 이슬과 나무의 수액만을 먹고 산다고 하여 맑음을 뜻하는 청이고, 셋째 염(廉)은 채소나 나무에 해를 끼치지 않는 염치가 있다 하여 염이라 하며, 네 번째 검(檢)은 다른 곤충처럼 자기의 집을 짓지 않는 검소함이 있다 하여 검이라 하지. 마지막 다섯 번째 신(信)은 허물을 벗고 때를 맞추어 죽으니 신의가 있다 하여 신이라 한단다."

붉은등우단털파리와 파리가 고개를 끄덕이자 만족한 표정의 매미가 말을 이어갔다.

"수년간 땅속에서 어둠과 외로움 속에서 지내다 세상에 나와 여름 한 철 울고 가는 우리 매미들은 별도의 집도 없고, 먹을 거라고는 그저 아침 이슬 몇 방울과 나무의 수액뿐이지. 이런 우리의 청빈한 삶의 모습을 "매미의 오덕"이라고 하고 조선 왕조에서는 국가 관리들의 행동강령으로 삼았단다. 오늘날에도 군자오덕(君子五德)으로 삼을 만큼 중요한 의미를 찾을 수 있지. 조선시대 임금이 정사를 볼 때 머리에 쓰던 익선관*(翼蟬冠)은 우리 매미의 날개를 본뜬 것으로 매미의 오덕을 생각하며 백성을 다스리고자 하는 의지를 담은 것이지."

"와! 매미님은 정말 멋진 곤충이셨군요."

"옛날 혼례식에서 신랑이 쓴 사모관대도 익선관의 형태로 조정에서 혼례를 축하해 주는 의미를 지녔었다고 해, 온 나라가 매미의 오덕을 음미하고 실천하는 청백리의 나라였다는 것이지."

붉은등우단털파리와 파리가 고개를 끄덕였다.

"그런데 말이야, 요즘은 인간들이 오덕을 잊은 것 같아."

"맞아요. 욕심만 부리고 서로 자기가 잘났다고 싸우기만 하잖아요."

파리가 말하자 매미가 점잖은 표정으로 말했다.

"파리야, 그 말은 네가 할 소리는 아닌거 같은데"

"아니, 왜요?"

"잊었냐? 방금 전까지도 너희 파리들이 붉은등우단털파리보다 잘났다고 싸움을 걸지 않았어?"

"아이, 제가 그랬나요? 잊어주세요. 헤헤헤~"

파리가 얼굴을 붉히며 손을 싹싹 비비자 그 모습을 본 매미와 붉은등우단털파리가 큰 소리로 웃고 말았다.

* 화분 : 꽃가루 받이

* 생물 종 : 생물학적으로 다른 종과는 서로 생식적으로 격리된 생물의 집단.
* 공진화 : 서로 밀접한 관계를 갖는 둘 이상의 종이 상대 종의 진화에 상호 영향을 주며 진화하는 것.
* 익선관 : 매미 날개 모양의 장식을 해서 날개익(翼)자와 매미선(蟬)자를 써서 익선관으로 불렀다.

맹꽁이와 진오의 숲속 모험

여름 방학을 맞아 진오네는 치악산으로 캠핑을 갔습니다. 이곳은 인터넷으로 신청을 받는데 신청자가 많아 5분 만에 마감이 되는 곳이라며 그 경쟁을 뚫고 성공한 아빠가 비장한 표정으로 말했습니다.
"아빠가 능력자라는 것만 알아다오. 하하!"
저녁을 먹고 진오는 할아버지와 함께 캠핑장을 따라 산책을 했습니다. 그때 풀숲에서 뭔가가 움직이는 것을 발견했습니다.
"할아버지, 저기 뭔가 있어요!"
진오가 놀란 목소리로 한곳을 가리켰습니다.
할아버지가 풀숲 쪽으로 다가가 조심스럽게 살펴보았습니다.
"아, 맹꽁이구나."
"맹꽁이요?"
"그래, 맹꽁이. 통통한 몸이 귀엽지"
진오는 호기심에 가까이 다가갔습니다. 그순간 맹꽁이가 '맹꽁! 맹꽁!' 소리를 내며 펄쩍 뛰었습니다. 진오는 깜짝 놀라 뒷걸음질을 치다가 그만

엉덩방아를 찧었습니다.

"으악!"

"괜찮다. 맹꽁이는 생긴 게 무섭지만 해를 끼치진 않아. 쟁기발개구리라고도 하는데 뒷다리 바깥쪽에 쟁기 모양의 돌기를 이용해 땅을 파서 붙여진 이름이란다. 맹꽁이는 몸길이가 약 4.5㎝로 몸통이 크게 늘어나거나 퍼지고, 머리 부분은 짧고 몸 전체는 둥글게 생겼는데 수컷이 암컷을 부를 때 '맹' '꽁' 하고 울어서 맹꽁이라고 부른단다. 개체수가 감소하여 법을 통해 보호를 받는 종이란다."

"두꺼비랑 비슷하게 생겼어요."

"두꺼비를 보았니?"

"네, 책에서요."

"그래, 두꺼비나 맹꽁이는 우리나라에 사는 양서류(물과 육지 생활에 동시에 적응한 척추동물)야. 맹꽁이는 땅속에 구멍을 파고 살아서 몸이 둥글고 단단해 보이지."

"저 맹꽁이도 친구들이랑 같이 살아요?"

할아버지는 고개를 끄덕였습니다.

"그렇지, 맹꽁이도 친구들과 함께 논이나 습지에서 살고 있단다."

그날 저녁, 진오는 꿈속에서 맹꽁이를 만났습니다.

진오는 깊은 숲속에 서 있었습니다. 숲속에는 맹꽁이 친구들이 진오를 기다리고 있었습니다.

"안녕, 진오야! 나는 맹꽁이야. 우리와 함께 모험을 떠나지 않을래?"

맹꽁이가 진오에게 말했습니다.

진오는 신이 나서 대답했습니다.

"좋아! 어디로 갈 건데?"

맹꽁이는 진오를 숲속 깊은 곳으로 데리고 갔습니다. 그곳에는 크고 작은 연못들이 있었습니다. 맹꽁이가 진오에게 말했습니다.
"여기는 우리가 사는 곳이야. 연못은 우리에게 정말 중요한 장소란다."
그때 곁에 있던 다른 친구가 진오에게 다가와 말했습니다.
"안녕, 진오야~ 나는 두꺼비야."
"두꺼비라고? 나는 큰 개구리인 줄 알았는데."
두꺼비는 자신을 몰라본 것이 섭섭한지 큰 입을 삐죽거렸습니다.
"미안해, 나는 너희들의 개구리랑 두꺼비, 맹꽁이를 잘 구분하지 못하겠어.'
진오의 말에 두꺼비가 자신을 설명하기 시작했습니다.
"나는 몸이 크고 울퉁불퉁한 피부를 가지고 있어. 내 다리는 짧고 강해서 잘 기어 다닐 수 있지. 그리고 몸에 독샘이 있어서 위험을 피할 때 도움을 받기도 해. 주로 곤충과 지렁이를 먹으며 살아가고 있단다."
진오는 고개를 끄덕였습니다. 그러자 맹꽁이가 말했습니다.
"진오야. 우리는 모두 양서류에 속하지만 다른 특징이 있단다."
신오는 맹꽁이를 보며 물었습니다.
"맹꽁아, 너는 어떤 특징을 가지고 있어?'
맹꽁이는 부드러운 목소리로 대답했습니다.
"나는 두꺼비보다 몸이 작고 둥글어. 땅속에 구덩이를 파고 살아서 몸이 단단하고, 통통하지. 그리고 내 울음소리는 '맹' '꽁' 하며 짧고 굵게 울어. 수컷이 암컷을 부를 때 이렇게 울지. 나는 습한 환경에서 주로 살고, 땅속에서 생활하다가 밤중에 나와 개미나 딱정벌레 같은 작은 곤충을 잡아먹어."
이번엔 개구리가 말했습니다.
"물론 나에 대해선 잘 알고 있겠지? 나는 몸이 매끈하고 긴 다리를 가지고 있어서 뛰어난 점프 실력을 자랑하지. 그리고 물과 땅을 자유롭게 오가며 살 수 있어. 피부는 보통 부드럽고 촉촉해서 쉽게 물속에 들어갈 수 있지. 우리는 '개굴개굴' 하며 맑고 경쾌하게 울어. 너도 알겠지만"

진오는 맹꽁이와 두꺼비, 개구리의 말을 듣자 혼란스러움이 풀렸습니다.

"아, 이제 알겠어! 너희는 비슷하게 생겼지만, 각각 다른 특징을 가지고 있구나. 두꺼비는 크고 울퉁불퉁한 피부를 가졌고, 맹꽁이는 작고 통통하며 땅속에 사는구나. 개구리는 긴 다리에 점프를 잘하고."

두꺼비와 개구리, 맹꽁이 친구들이 미소를 지으며 고개를 끄덕였습니다.

"맞아, 진오야. 우리는 서로 다르지만, 자연 속에서 각각 중요한 역할을 하면서 살아."

"그렇구나, 고마워, 이제 너희를 잘 구분할 수 있을 것 같아!"

진오가 웃으며 대답했습니다.

그때, 맹꽁이가 진오의 손을 잡더니 갑자기 연못 속으로 풍덩 뛰어들었습니다.

"안돼, 나는 수영을 할 줄 몰라."

진오는 깜짝 놀랐습니다.

"걱정하지 마, 너도 이제 우리 친구니까 우리가 수영하는 것을 가르쳐 줄게"

두꺼비와 개구리가 진오에게 멋진 점프와 수영 기술을 가르쳐 주었습니다.

"어! 정말이네! 내 몸이 물에 뜨잖아."

"당연하지, 너는 이제 우리들의 친구니까."

청개구리가 물에 젖어 반짝이는 초록색의 얼굴로 크게 웃었습니다.

"너희들은 정말 멋지구나!"

얼마 후, 맹꽁이는 곧 진오를 데리고 숲속의 다른 곳으로 갔습니다. 거기에는 사람들이 버린 각종 쓰레기가 쌓여 있고 사방에 지저분하게 널브러져 있었습니다. 맹꽁이는 슬픈 표정으로 말했습니다.

"우리가 살아가는 서식지가 점점 파괴되고 있어. 인간들이 여기저기 개발을 하면서 우리들의 연못이 점점 사라지고 있단다."

진오는 놀란 표정으로 주위를 둘러보았습니다.

"이렇게 아름다운 곳을 파괴하다니!"

맹꽁이는 슬픈 얼굴이 되었습니다.

"사람들이 환경을 보호하지 않고 개발을 계속하면 우리는 살 곳을 잃게 돼. 벌써 많은 친구들이 사라졌어."

진오는 맹꽁이의 말을 듣고 마음이 아팠습니다.

"내가 어떻게 하면 너희를 도울 수 있을까?"

맹꽁이는 진오의 손을 잡고 말했습니다.

"우리의 이야기를 사람들에게 전해줘. 환경을 보호하는 것이 얼마나 중요한지, 우리가 얼마나 소중한 생명체인지 알려줘."

진오는 약속했습니다.

"알겠어. 너희를 위해 내가 할 수 있는 모든 것을 할게."

꿈속에서 진오는 맹꽁이 친구들과 함께 연못의 쓰레기를 치웠습니다. 연못 주위에 나무를 심고, 깨끗한 물을 가득 채웠습니다. 맹꽁이와 두꺼비 개구리 친구들이 환호했습니다. 맹꽁이가 진오에게 말했습니다.

"우리가 살아갈 곳을 지키기 위해서는 많은 사람의 도움이 필요해. 너희 인간들이 조금만 더 신경 써준다면 우리도 행복하게 살 수 있을 거야."

진오는 맹꽁이와 헤어지며 말했습니다.

"꼭 약속할게. 너희의 이야기를 전하고, 환경을 보호하는 일을 할 거야."
"고마워, 진오야. 이곳을 떠나도 우리를 잊지 말아줘."
"무슨 소리야. 너희들을 잊다니. 우린 친군데."
두꺼비와 맹꽁이 개구리는 진오에게 손을 흔들며 인사를 했습니다.
"안녕, 진오야! 우리도 너를 잊지 않을게. 자연을 사랑하겠다는 그 약속 잊지 마."
"안녕, 너희를 만날 수 있어서 정말 기뻤어. 또 만나자."

꿈에서 깨어났을 때, 진오는 꿈속에서의 친구들과의 약속을 잊지 않았습니다.

회원_시

박 하 린
〈명예회장〉

- 서울광진문인협회 5대 회장
- 서전문학상 수상
- 신사임당 37회 백일장 수필부문 장원
- 한국문학예술신문사 문학대상 수상
- 짚신문학상 대상 수상
- 시집 : 『솔바람 소리』,
  『겨울꽃 그리운 날』 외 다수

후회 외 4편

보고 싶던 얼굴
꿈속에서 만났다
아무 말없이 눈으로 말하고
사라졌다

산뜻한 티셔츠는
새 옷이었다
표정 또한 그러했다

잊고 살아온 지 오래 되었건만
뜬금없이 찾아와
단잠을 깨워놓곤 가버렸다

몇 달이 지난 후
그 미소가 딴 세상으로
떠난 시간이었다는 걸 알았다

아침마다 목에 주인 없는
티셔츠가 감긴다

핑계

요즈음 불만이 많다

책을 읽으려면
눈이 짜증을 낸다

공기 좋은 산을 오르려면
무릎이 투덜댄다

독서를 좋아하고
산을 좋아하면서도
이일 저일 핑계가 태산이다

태산이 심심한 오후를 만든다

구름과 들꽃과 바람이 감사하다
아름다운 태산이여

섬보다 무거운 바람

무더운 여름밤이다
창문으로 들어오는
속살거리는 음성

가슴에 품은 사랑의 고백
감질나도록
솔솔 들어오는 바람이다

모든 것은 다 지나가듯
동네 어귀에서 만나도
오래도록 그리울 것이다
여름밤의 섬 하나

살다보면 1

무엇과도 바꿀 수 없도록
소중한 당신

그런 당신 때문

내 자신
죽고 싶도록 싫을 때가 있다

바람이 가는 길목

약속한 사람도 없는데
기다리는 누군가를
만나러 가는 길목에서
주인 없는 팻말 하나를 삼킨다

목구멍 가득 채운
그립다는 단어
발걸음을 멈추게 하는
이유가 되어

끓어오르는 내면의 세계로
엉거주춤 발을 내딛어 본다

회원_수필

홍 춘 표
〈회장〉

- 서울구로문인협회 회장 역임
- 사) 한국문인협회 서울지회 역대지부회장협의회 회장
- 국가공무원 정년퇴임, 옥조근정훈장, 행정학박사
- 공무원문학 수필(2002), 시(2003), 동시(2004) 등단
- 대불대학교 일반대학원 행정학박사
- 제5대 구로구의회 의장 역임
- 제16기 민주평화통일자문회의 상임위원
- 시집 : 『소나무처럼 넝쿨처럼 살고 싶다』 외
- 수필집 : 『현실에 만족하면 행복하다』
- 동시집 : 『외롭지 않은 우체통』
- 제14회 한국민족문학상, 임실문학상, 구로문학상 외
- 현재 : 사) 한국경비지도사협회 중앙회장, 계간 문예작가회 부회장

멋있는 얼굴들 외 1편

제21기 민주평화통일자문회의 구로구협의회(회장: 차광선) 자문위원 38명은 1박2일 일정으로 제주도에서 2024년 첫 자문위원 워크숍 및 안보견학을 했다. 세미나, 워크숍, 연수의 목적은 자문위원 간 소통과 화합이다.

민주평화통일자문회의는 헌법기관으로 대통령이 의장이다. 자문위원들은 평화통일정책 등을 대통령에게 직접 건의 또는 자문하여 국정에 반영하는 자문기구이다. 자문위원들은 운영위원, 상임위원, 자문위원으로 구성되어 있다.

제주특별자치도는 우리나라에서 가장 큰 섬으로 남해에 위치한다. 섬 전체가 신이 준 세계7대 자연경관지로 항상 찾고 싶은 보물섬이다. 탐라천년을 자랑하는 명승지로 우리나라 사람들보다 국외 관광객들이 더 많이 찾는다.

일정 중 행선지이다.

신창리풍차마을, 차귀도, 금릉석물공원, 노리매식물원, 탐라원특산품쎈터, 제주4·3평화공원, 스카이워터쇼, 제주오크라리조트, 월정리해변 등을 찾았다.

첫 번째 날, 일정이다.

오늘 행선지는 신창리풍차마을, 차귀도, 금릉석물공원, 노리매식물원을 찾는다. 자문위원들은 이른 새벽잠을 멀리하고 어릴 적 소풍가는 마음으로 김포공항 2층 대합실 아시아나항공 앞에 집결하였다. 인원점검과 수속 후

하늘 큰 새에 오른다. 잠시 후 제주국제공항에 안착하여 조식 후 첫 행선지로 이동한다.

　이동하는 차량 내에서 차광선 회장의 인사말과 일정 안내 후 위원마다 소개와 인사말이 있어 소통의 시간과 정은숙 문화예술분과위원장의 멋있는 프로그램 운영으로 화합의 장을 만들어 주어 영원한 추억이 될 것이다.

　제주특별자치도 제주시 한경면 신창리 1322-1 소재 신창풍차마을을 찾았다. 공항 방향에서 약 1시간가량 해안도로 따라 가다보면 서쪽 끝에 자리한 해상풍력단지가 바다와 함께 다가온다. 줄 서 있는 풍차들이 장엄하고 멋있다. 입구에 제주바다목장이라 안내한다. 2017년 우리나라 최초로 제주도에 풍력을 이용하여 전기를 생산하는 마을단지가 조성되었다. 바다와 함께 조용하고 아늑한 분위기이다. 곳곳에서 단체기념사진과 추억의 사진촬영이 한창이다.

　고산항 놀빛바다(대표: 김미아) 맛집에서 생선구이 중식 후 주변을 살펴보았다. 푸른 바다와 함께 해양경찰서 고산출장소와 해녀공연장 등이 보인다. 오징어 말리는 풍경이 울릉도와 같고 농촌마을 같은 분위기로 조용하고 한가하다. 고산항선착장에서 선셋(59톤, 승선인원 100명) 유람선에 오른다. 낚시바위가 인사하고 낚시하는 사람들이 낭만적이고 평화롭다. 주변 독수리바위 등과 속삭이며, 바다 정취와 숨 쉬며, 초행의 차귀도를 찾는다.

　제주특별자치도 한경면 고산리 산 125 소재 차귀도를 찾았다. 차귀도는 제주도에서 가장 먼 서쪽에 자리한 제주도 무인도 중에서 가장 크다고 한다. 고산항선착장에서 뱃길로 약 10여 분 이동하면 차귀도 작은 선착장에 이른다. 차귀도 명칭의 유래는 중국 호종단이 제주도에서 중국에 대항할 큰 인물이 나타날 것을 경계하여 제주의 지맥과 수맥을 끊고 중국으로 가려 할 때 한라산의 수호신이 배를 침몰시켜 배가 못 가게 차단했다고 하여 붙여진 이름이다.

탁 트인 푸름의 바다와 해안절벽과 기암괴석을 감상하며 자문위원들과 속삭이며 걷는 감회는 뭐라 표현이 안 될 정도로 낭만적이다. 이 번 워크숍에 참여한 자문위원들은 동심으로 소통하고, 노년으로 화합하며, 감탄사를 연발한다. 죽도등대는 1957년부터 바닷길을 안내하고 주민들이 만든 무인등대라 한다. 등대가 있는 이 언덕을 볼래기동산이라 부른다. 등대를 만들 때 주민들이 자재를 가지고 언덕을 오를 때 볼락볼락 가쁜 숨을 쉬었다하여 유래된 이름이란다.

차귀도 선착장에서 정상 죽도등대까지 오른 후 선착장으로 돌아오는 트레킹 코스가 건강증진에 너무 좋았다. 경사도가 낮고 흙길이라 걷는데 힘들지 않아 안전하게 걸을 수 있다. 언젠가 또 찾아 걷고 싶은 곳이다. 언제 다시 올까?

차귀도

제주도에서 서쪽으로 가장 먼 섬/ 작은 섬 차귀도 해안절벽이 오라하네/ 남녀노소 둘레길 걷고, 뛰고, 올라/ 볼래기동산에 죽도등대가 인사 하네.

바다의 태양이 지켜주는 외로운 섬/ 제주 무인도 중 가장 큰 섬/ 뱃길 멀어지면 사람들도 멀어지고/ 등대만 밝은 얼굴로 갈 길 안내하네.

제주특별자치도 제주시 한림읍 금릉리1282-4 소재 금릉석물공원을 찾았다. 금릉석물공원은 석장 장공익(1931~2018) 개인이 총면적 약 3만3,000㎡ 약 40여 년 동안 돌로 해녀상 등 3,500여 작품을 제작하여 설치한 곳이다.

입구에 천연동굴이 있다. 들어가면 불상이 설치되어 있고 물이 위에서 떨어져 작은 연못이 있어 여름에는 냉기가 솟아 시원하다. 잠시 들려 안내표시길 따라 가면 수많은 조각 작품들이 즐비하다. 성적인 작품들이 많아

다채롭다. 평생 동안 옛날 제주도 민가들을 재연하고 상상을 초월한 석상 작품들을 후손들에게 남긴 명장 장공익 작가에게 감사한 마음이다. 지금은 가족들이 관리하고 있다. 자문위원들은 곳곳에서 기념사진과 추억 만들기에 한창이다.

제주특별자치도 서귀포시 대장읍 구억리 654-1 소재 노리매테마공원을 찾았다. 면적은 약 53,000㎡로 약 1,000여 주의 매화가 숨 쉬고 있다. 자연과 함께 즐기는 감성공간이다. 매년 매화축제가 개최된다고 한다.

길 양가에 한라봉 나무가 자리하고 한라봉이 주렁주렁 춤추어 오는 이들을 반겨 주고 있어 친구 만난 듯 마음이 흐뭇하고 정다웠다. 안내길 따라 가면 노령층도 힘들지 않고 산책하며 힐링 할 수 있어 아주 좋은 공간이다.

안내도에 보면 화산탄길을 비롯하여 써클비전까지 20여 곳으로 안내한다. 제주도에 오면 가는 곳 마다 관광이고 언제와도 멋있는 공간이 많다. 오늘의 일정을 마무리하며 석식 후 쉼터로 이동하였다.

제주특별자치도 제주시 연동 282-3 소재 호텔에어시티제주 쉼터를 찾았다. 룸메이트는 본회 고문이며 제4대 구로구의회 의장을 역임한 정달호 위원이다. 이웃에 글로스타호텔, 하나플라자호텔, 제주썬호텔 등이 소재한 번화가이다. 회장 배려로 소통 화합을 위해 모임의 여가를 부여하였으나 정달호 고문과 함께 숙소에서 휴식하기로 하였다. 해풍이 불어오는 제주의 밤은 탁풍이 불어오는 서울의 밤과 다르다. 내일 일정을 위해 소록소록~~~. 살포시 꿈길로~~~.

두 번째 날, 일정이다.

오늘 일정은 탐라원특산품센터, 제주 4·3평화공원, 스카이워터쇼, 제주오크라리조트, 월정리해변을 찾는다.

박대연 자문위원은 이른 새벽 홀로 왕복 약 5시간 소요로 한라산(해발 약 1,950m) 정상에 올랐다. 한라산은 남한에서 가장 높은 산이다. 나도 2003년

4월 3일 한라산 정상에 섯다. 지금은 정상에 서면 완주증명서를 발급한다.
　제주특별자치도 제주시 도남동 518번지 소재 탐라원특산품센터를 찾았다. 많은 관광객들이 분주하다. 개인적으로 필요한 물품 구입을 위함이다. 약 30분 정도 머무른 후 다음 행선지로 이동하였다.
　제주특별자치도 제주시 봉개동 237-2 소재 제주 4·3평화공원과 기념관을 찾았다. 해설사의 안내에 따라 제1전시실부터 제6전시실까지 해설과 함께 직접 보고 듣고 느끼며 그 당시를 회상하였다. 사실과 다른 왜곡된 부분이 많았다. 제주 4·3사건은 1947년 3월 1일을 기점으로 1948년 4월 3일 남로당 제주도당 무장대가 무장봉기한 이래 1954년 9월 21일 한라산 금족지역이 전면 개방될 때까지 제주도에서 발생한 무장대와 토벌대간의 무력충돌사건이다. 제주특별자치도 제주시 구좌읍 송당리 2764-1 소재 제주스카이워터쇼를 찾았다. 외줄에서 아찔한 외줄타기 시작으로 공연이 시작된다. 신기한 링 묘기와 화려한 기예와 시원한 분수쇼와 함께 다이빙 퍼포먼스가 대단하였다.
　필립핀, 러시아, 우주베키스탄, 우크라이나 등 세계대회 우승자들이 물과 하나 되어 우리나라에서 최초로 공연하는 워터쇼라 한다. 아슬아슬하게 낙하하는 각종 묘기들을 볼 때 순간순간이 아찔아찔 하였다. 공연 1시간이 금세이다.
　제주특별자치도 서귀포시 표선면 하천리 1415 소재 오크라리조트(대표: 강미숙)(스노피 가든 하우스)를 찾았다. 이곳 대표와 장복례 자문위원과 지인 관계로 일정에 없었으나 방문하였다. 강미숙 대표는 구로1동에 거주하였다 한다.
　오크라는 오겠다. 올게의 제주 방언이란다. 본 건물은 서구식 외형부터 예술적으로 눈을 황홀케 한다. 1층 로비를 비롯하여 2~5층까지 살펴보았다. 내부 모든 시설물이 너무 깔끔하다. 이국적인 환경에 당장이라도 쉬어가고 싶다. 외부는 1층 카페를 비롯하여 넓은 정원과 산책로, 제주오크라역, 제주도곶자왈, 호수, 카라반 등이 설치된 장엄한 휴양지이다. 2020년 신서유기 촬영 장소란다. 특히 유명 연예인들이 찾는 곳으로 야외 소규모 웨딩촬영도 한단다.

인근 주변에 표선해수욕장, 성읍민속마을, 성산일출봉 등 유명 관광지가 있어 이용객들이 많으나 대부분 단골손님들이라 한다. 쾌적한 시설과 친절한 봉사로 각종 모임도 많이 이용하고 있어 지인들께 이용하도록 홍보하고 싶다.

제주특별자치도 제주시 구좌읍 월정리 33-3 소재 월정리해변을 찾았다. 마지막 행선지이다. 월정리해변은 제주도 동쪽에 위치한다. 여름철에는 해수욕장으로 평소에는 해변가로 벌떼처럼 관광객이 찾아오는 낭만이 풍만한 바닷가이다.

달이 머문다는 뜻으로 월정이라 부르고 금잔디 모래벌판이 길어 도보보다 뛰고 달리고 싶은 마음이다. 미향의 바다가 한 폭의 산수화처럼 펼쳐진 광활한 바닷가에 남녀노소 많은 인파들이 사진촬영 등 분주하게 움직인다.

주변에 예술적으로 단장된 상가들과 카페거리와 맛 집들이 밀집되어 오는 손님들을 마중하고 있다. 오는 7월 해수욕장이 개장되면 다시 찾고 싶다. 얼마동안 걸으며 대화하다 보니 마지막 일정이 마무리되고 아쉬움이 남는다.

이번 워크숍을 통하여 자문위원들간 많은 대화와 소통으로 친목과 화합이 조화를 만든 참된 일정이라 생각한다. 항상 말하지만 여행이나 워크숍 등은 행선지보다 동행인이 더 중요하다. 이심전심으로 유무상통하는 자문위원들이다.

정은숙 문화예술분과위원장은 2010년 제5대 구로구의회(의장 홍춘표) 의장상을 나에게 직접 받았다고 한다. 나는 기억이 없다. 사진이 있다는 말에 귀가하여 사진을 확인하여 카톡방에 올린 일이 있다. 이런 일이 만남의 소통이다.

　현재 상임위원이며 회장을 역임한 이계명 자문위원은 다른 그룹과 하루 앞서 워크숍에 참여하고 있다. 귀경은 같은 날이나 일정과 귀경시간이 달라 직접 상면치 못하여 서운하다. 본 회 큰 발전에 공로가 지대하다.

　나는 민주평화통일자문회의 구로구협의회에서 제12기, 제13기, 제14기 부회 장/ 제15기 수석부회장-상임위원(문화예술체육분과)/ 제16기, 제17기, 제21기 고문으로 미력한 활동을 하고 있다.

　구로문화원(원장: 이계명/ 부원장: 홍춘표) 임원 중 본회 회장 차광선, 수석부회장 이호성, 1지회장 장진영 위원은 문화원 이사들 이다. 구로문화원 발전과 구로문화 창달을 위해 중추적 역할을 하고 있다.

　여행이나 워크숍을 다녀오면 직접 보고, 듣고, 배우고, 체험하고, 느낀 감정을 간략하게 글로 남기는 버릇이 있어 항상 후기를 남긴다. 인간은 과거와 현재와 미래 속에 삶을 유지한다. 현재가 가장 중요하다고 생각한다.

　떠나기 싫은 제주도~~~. 다시 찾을 날을 기약하며~~~. 공항으로 이동한다. 제주도국제공항은 항시 분주하다. 자문위원들은 짧은 여정이지만 『멋있는 얼굴들』과 동행하였으니 참 행복하고 잊지 못할 추억으로 남을 것이다.

　행사를 주관한 회장 차광선, 간사 황영락, 행정실장 민혜민, 수석부회장 이호성 외 임원진과 자문위원 모두에게 감사하다. 기간 동안 안전운행과 행선지와 방문 지역을 친절하고 상세하게 안내한 오영석 기사에게 감사하다.

2024년 4월 25일(목) ~ 4월 26일(금) 맑음.
제21기 민주평화통일자문회의 구로구협의회 "제주특별자치도" 워크숍

아름다운 괌

　서울 영등포농업협동조합(조합장: 백 호) 조합원 88명은 3박 4일 일정으로 국외연수 차 미국 괌을 방문하였다. 연수목적은 교육지원사업의 일환으로 조합원 상호 간 소통과 화합을 통하여 조합 활성화를 기하기 위함이다.
　연수 대상 지역은 가리봉, 가산, 남구로, 양평, 문래, 영등포, 여의도, 동작지역 조합원들이다. 연수지역 중 1차 방문지역은 베트남(4. 16~4. 19), 2차 방문지역은 괌(5. 21~5. 24), 3차 방문지역은 일본(6. 11~6. 14)이다.
　일정 중 행선지는 마이크로네시안몰(쇼핑몰), 괌 시내관광(스페인광장-파세오 공원-사랑의 절벽), 피쉬아이해중전망대, 정글리버크로즈 밀림탐험, 돌핀크로즈 바다여행, 괌 최대 명품아울렛 티갤러리아를 찾는다.
　괌은 오세아니아 서태평양 해상에 소재한 미국의 속령지역 작은 섬이다. 면적은 약 543.52㎢이며 인구는 약 16만 명이다. 시차는 우리나라보다 약 1시간 빠르다. 기후는 우리나라와 비슷하고 종교는 카톨릭이다. 수도는 하갓냐이다. 괌은 우리나라 제주도 면적의 3분지 1밖에 안 되는 작은 섬이다. 인근 사이판 섬은 괌 면적의 4분지 1 정도로 우리나라 태안에 소재한 안면도 정도의 크기이다. 불원 사이판 섬을 방문하고 싶다.
　약 2천 년 전부터 원주민 차모로족이 거주하고 있다. 차모로족은 목이 짧고 얼굴이 검고 몸이 뚱뚱한 편이다. 국가원수는 미국 대통령이지만 본토 미국 대통령 피선거권은 없다. 주민들이 선출하는 주지사가 자치관할하고 있다.

괌은 333년 동안 스페인 식민지로 스페인과 미국전쟁에서 스페인이 패하여 1898년 미국령이 되었다. 태평양전쟁으로 1941년부터 2년 7개월 동안 일본이 점령하였으나 1944년 일본의 패전으로 1950년부터 미국이 관할하고 있다. 미 해군, 미 해병대, 미 공군이 주둔하고 있다. 북한, 중국, 러시아가 가장 가까운 지역으로 동아시아에 억제 군사력을 갖춘 국방 요충지이다. 한편 관광지와 휴양지로 주로 한국인, 일본인, 중국인들이 많이 찾는다.

첫 번째 날, 일정이다.

오늘 행선지는 마이크로네시안몰(쇼핑물)을 찾은 후 호텔자유시간이다. 조합원들은 영등포농협 본점에 집결하여 제1호 차량, 제2호 차량, 제3호 차량으로 각각 분승 승차 후 인천국제공항으로 이동한다. 부부조합원들은 새벽잠을 설친 이른 아침이지만 목적지가 있어 마냥 즐거운 마음들이다.

조합원들은 공항에서 모든 출국절차를 마무리하고 대한항공 큰 하늘 새에 탑승하여 맑은 창공을 새처럼 날아오른다. 나는 좌석이 창 쪽이라 쾌청하고 청아한 우주 공간을 볼 수 있었다. 기내에서 약 4시간 소일하면 목적지에 이른다. 입국 수속 절차를 마치고 전용차량에 승차하여 현지 가이드 최병섭과 상견례 후 체류기간 동안 주의사항과 일정 등 안내를 받으며 첫 행선지 마이크로네시안몰로 이동한다. 의류부터 식료품 등 만 가지가 준비된 대형 쇼핑물센터이다.

광활한 필립핀 해역~~~. 모래가 깔려 있고 해변에 고층 호텔들이 운집한 타원형의 바닷가에 자리한 쉼터 힐튼호텔을 찾았다. 호텔자유시간이다. 룸메이트는 가리봉동에 거주하는 박래문(77세) 조합원이다. 조합원은 거동이 불편하다.

괌 첫 야경은 오색영롱한 불빛과 바다에서 잔잔히 밀려오는 저음의 파도 소리와 오가는 차량들의 물결이 조화를 이루며 밤은 깊어 간다. 내일 일정을 위해 살포시~~~. 새록새록~~~. 꿈길로~~~.

두 번째 날, 일정이다.

괌 시내 관광(파세오 공원, 스페인 광장, 사랑의 절벽)이다, 피쉬아이해중전망대를 찾는다. 탁 트인 바다광장이 펼쳐오고 시원한 바닷바람이 오는 사람들 맞아주는 파세오 공원을 찾았다. 해변가에 자유여신상이 자리하고 차모로빌리지 등 산책하기에 알맞은 해변가 산책로이다. 잠시 머물다 다음 행선지로 이동한다.

스페인 광장을 찾았다. 괌에서 가장 이색적인 공원이며 아가냐 대표 명소이다. 1565년부터 1898년까지 약 333년간 스페인 통치를 받았던 곳이다. 스페인 총독 관저가 있던 곳으로 그 당시 귀빈을 접대한 장소이기도 하였다.

바로 옆에 웅장한 아가냐대성당이 자리하고 있다. 인근에 괌의회가 보이고 원주민박물관도 제자랑 한다. 푸른 잔디밭이 넓게 펼쳐 있다. 중앙에 키오스코(야외음악당)가 자리하고 많은 인파들이 기념사진 촬영에 여념이 없다.

사랑의 절벽을 찾았다. 스페인 식민지 시절 스페인 장교에게 결혼을 강요당한 차모로 한 여인은 사랑하는 남자와 도망쳐 절벽까지 왔는데 더 이상 갈 곳이 없어 약 100m나 되는 이 절벽에서 몸을 던졌다고 하여 붙여진 이름이란다.

사랑의 절벽 전망대에 올라 바다를 보라! 산 정상에 오른 것처럼 가슴이 확 열린다. 확 트인 망망대해가 파도 없이 바다의 동양화로 펼쳐온다. 이 낭만적인 사랑의 절벽에 섰으니 나도 사랑의 절벽과 연인이 된 느낌이다. 피쉬아이해중전망대를 찾았다. 육지와 전망대까지 나무다리가 안전하게 설치되어 도보로 가면서 주변 바다 전경을 같이 볼 수 있다. 바닷물 색상이 옥수처럼 맑은 물로 보이고 또 에메랄드빛 색상이 예술작품으로 보이는 곳이다.

수중전망대에 내려가면 바다 안에 들어 온 느낌이다. 해저창문을 통해 약 200여 종의 열대 물고기들과 산호초를 볼 수 있는 수중 관람시설이다. 누구나 감탄사가 연발한다. 다시 찾고 싶은 곳. 언제 다시 오려나?

세 번째 날, 일정이다.

정글리버크루즈 밀림탐험, 돌핀크루즈 바다여행이다.

정글리버크루즈는 강물 따라 밀림탐험이다. 44인승 안전한 배를 타고 강물 따라 정글을 탐험하면서 맹그로브숲을 지나다 보면 바닷게들이 먹이를 찾아 움직인다. 빵 등 먹이를 던져주면 모여든다. 간혹 메기들도 마중한다.

얼마동안 가다 보면 원주민들이 거주하는 마을에 이른다. 멧돼지, 염소, 닭 등 동물들이 보이고 멧돼지 등에 올라 기념사진 촬영에 바쁘다. 다양한 동물들과 사귀면서 이름 모를 풀잎을 주면 염소들이 받아먹기에 정신이 없다. 휴식공간에 모여 원주민이 제공하는 코코넛 쥬스를 맛보면서 원주민이 보여주는 각종 볼거리 제공 등 원주민 문화체험을 직접 엿 볼 수 있다. 야자잎으로 만든 부채 등 다양한 수 공예품을 기념으로 제공한다.

돌핀크루즈 바다여행이다. 돌고래들과 만남과 바다에 직접 뛰어든 스노클링 시간이다. 선착장에서 배를 타고 약 30분 정도 바다로 이동하면 돌고래들이 출몰하는 스팟에 이른다. 돌고래들을 목격 못하는 경우가 많다 한다. 바다에서 쇼를 발하는 돌고래 떼를 직접 볼 수 있어 운이 좋았다. 배 가까이 오기도 하여 돌고래를 부르면 점프를 한다. 뱃길 따라 따라오는 돌고래들의 바다행진이 멋있고 볼만하다. 보기 힘든 행운의 거북이도 만나 보았다. 바다에 직접 뛰어 드는 스노클링 시간이다. 안전구명조끼를 착용하는 등 물놀이 하는데 만만의 준비를 한 조합원들은 바다에 입수하여 물고기들과 친구 되어 동고동락한다. 이 물놀이 체험도 잊을 수 없는 추억이 되리라 믿는다.

물놀이를 마친 후 배에서 준비한 빵, 음료수, 맥주 등 간식과 직접 손질한 싱싱한 참치회 등 현지 음식들이 제 맛 자랑 한다. 파도 없는 바다에서 바람과 음식과 하나 되어 추억을 만들면서 공식적인 오늘 일정을 마무리 한다.

호텔식 석식 후 단원들의 축하 공연이 있었다. 행사 식전에 백 호 조합장의 인사말에 이어 조합장은 나를 제5대 구로구의회 의장을 역임하였다고 소개한다. 나는 조합장에게 조합원들과 격려 박수를 주고 간단한 인사말을 하였다. 어린이부터 성년 남녀들이 전통 의상으로 출연하여 조합원들과 춤과 노래와 음악이 한데 어울려 흥겨운 한마당 잔치가 되었다. 얼마쯤 행사를 마무리하고 룸메이트와 쉼터에 올라와 소통 후 꿈길에서 누군가를 찾는다.

네 번째 날, 마지막 일정이다.

오전은 호텔 내 자유시간, 괌 최대아울렛 티갤러리아 방문, 괌국제공항 이동, 인천국제공항 안착 귀국이다. 우리가 머물고 있는 힐튼호텔은 지하 3층 지상 13층으로 필립핀해협에 자리하고 먼 바다까지 보이는 웅장한 쉼터이다. 경영주가 일본인이라 한다. 수영장 등 편의시설이 잘 구비되고 친절한 서비스로 준비된 휴양지이다.

오전 호텔주변 자유시간으로 바닷가 공원을 걷는 사람, 호텔 내 쇼핑하는 사람, 수영하는 사람, 숙소에서 휴식을 취하는 사람 등 오전 일정을 마무리하고 호텔 중식 후 체크아웃하고 괌 최대명품아울렛 티갤러리아로 이동한다. 티갤러리아에서 약 1시간가량 쇼핑을 하면서 필요한 물품을 구입한다. 쇼핑 중 밖에는 억수 같은 장대비가 내린다. 일정 동안 비가 내리지 않아 활동하는데 지장이 없었다. 복 받은 조합원들이다. 얼마 후 공항으로 이동한다.

아름다운 괌

추억의 섬, 광해에 작은 섬/ 제주도보다 더 작은 섬/ 태평양 물결이 숨쉬는 섬/ 하늘 큰 새 타고 훨훨 날라/ 4시간에 날아올라 찾은 섬이다.

포탄으로 저주 받은 섬/ 스페인이 지배하고/ 미국이 빼앗아 지배하고/ 일본이 점령하여 지배하고/ 미국이 다시 찾아 지배하는 섬이다.

서태평양 외로운 섬, 작은 섬/ 원주민들이 살고 있는 섬/ 포성도 멈추고 평화로운 섬/ 세계인이 찾고 찾은 관광 섬/ 또 오고 싶은 아름다운 섬이다.

항상 말하지만 여행은 행선지가 중요하다. 그러나 어떤 단체와 누구와 함께하느냐가 더 중요하다. 기간은 짧지만 뜻을 같이 하는 조합원들의 연수이기에 소통과 화합의 장은 물론 영등포농협의 활성화에 큰 기여가 되었다고 자평한다. 영등포농협은 1972년 11월 29일 설립하였다. 백 호 조합장의 합리적인 경영과 임직원들과의 혼연일체로 금융자산만 약 6조원을 달성하는 등 쾌거와 전국에서 가장 수익을 높이는 금융기관이다. 조합원으로 자부심을 갖고 있다.

나는 2007년 4월 일본 연수와 2019년 5월 중국 연수와 2024년 5월 괌 연수로 세 번째 참여하고 있다. 조합원들은 국외연수, 건강검진, 농민수당, 농기구구입자금, 금융지원, 각종 선물 수혜 등 많은 혜택을 받고 있다.

이번 행사에 서호연 · 김광자 부부조합원은 김광자 조합원만 참여하고 서호연 조합원은 불참하였다. 서호연 조합원은 현재 서울특별시의회 시의원으로 활동하고 있어 시의회 의정 관계로 동행치 못하여 서운하다.

초행의 괌 연수를 통하여 괌의 역사적 사실을 직접 보고, 듣고, 배우고, 느끼고, 체험한 좋은 기회가 되었다. 아름다운 섬 괌에서~~~. 영등포농협의 큰 발전과 조합원들의 복지증진을 위해 엘로힘 하나님 늦은 비 성령으로 간구한다.

본 행사를 주관한 조합장 백 호, 상무 김승섭, 차장 심규하 외 임직원과 참여한 부부조합원 박주영 외 모두에게 감사하다. 현지에서 일정과 방문지역 등을 상세하게 안내한 가이드 탄감자 최경섭 등 관계자 모두에게 감사하다.

2024년 5월 21일(화) ~ 5월 24일(금) 맑음, 비.
영등포농업협동조합 조합원 "괌" 연수.

회원_수필

오 경 자
〈부회장〉

- 서울은평문인협회 회장 역임
- 국제PEN한국본부 이사장(권한대행)
- 한국수필문학가협회 회장
- 한국문인협회 이사, 감사 역임
- 고려대학교 미래교육원 수필 지도 강사
- 수필 문학상, 올해의 수필인상, 원종린 수필 문학상 등 다수 수상
- 저서 : 『바퀴달린 도시』, 『아버지의 꿈』, 『신원확인』,
  『계단 좀 내다 버려』, 『건방진 용서』 등 저서 다수

특별한 동행 외 1편

 올해 6월 28일도 여전히 둥근 해가 떠올랐다. 74년이 지났어도 해는 닳아서 작아지지도 않았다. 세월이 약이라는데 이 병은 약도 없는지 해가 갈수록 더 커지는 것 같다. 체념이라는 것과 한 사슬에 묶여 마음 저 밑바닥에 자리한 지 오래건만 이날이면 더욱 또렷이 떠오른다. 어떻게 주체할 수 없는 그리움이고 슬픔이다. 억울하고 분해서 누군가를 막 패 주고 싶기도 하고 세상이 떠나가라 할 정도로 대성통곡을 하고 싶기도 하던 서슬은 좀 닳아졌지만 여전히 핏빛 그리움은 더 진해지는 것 같다.
 1950년 6월 25일 북괴군은 38선을 넘어 남침을 감행했다. 그리고 놀랍게도 단 사흘 만에 대한민국 수도 서울을 손아귀에 거머쥐는데 성공한다. 기막힌 일이라 아니 할 수 없다. 그것도 모자라 뭐 우리가 북침을 했다고? 참으로 소가 웃을 말이다. 적반하장이라는 말은 이런데 쓰기에는 너무 약한 말이 아니고 무엇이겠는가? 세월이 지나 30년이 넘고부터 외교문서들이 속속 세상에 공개되어 그 말이 해괴한 거짓임이 명명백백하게 밝혀졌음에도 이 땅의 청맹과니들은 아직도 헛소리를 하고 있다하니 억장이 무너질 노릇이다.
 전쟁 중에도 사는 사람은 살지만 엄청난 피해자는 속절없이 하나뿐인 목숨을 잃거나 엄청난 곤욕을 치르게 된다. 여러 희생과 피해가 값지지만 억울하고 기막힌 피해자 중에 전시 납북자들이 있다. 나라를 위해 그동안 많은 일들을 한 공로자 들이 많이 포함되어 있지만 전쟁 당시에는 나라를 위해 적극적으로 싸우다 죽은 참전 용사와는 결이 다른 피해자 들이 아닌가 한다. 민간인 신분으로 아무 방어태세를 갖출 수 없었던 상황에서 무장의 적에게 납치당해간 우리의 아버지들, 졸지에 훌륭한 아버지를 공산당의 손에 빼앗기고 홀로 된 어머니 손에 곤궁하게 자라야 했던 고아보다 조금 나은 불쌍한 어린 것들이 자라 이제 노년이 되었다.

바로 그 주인공 중의 한 사람인 나도 오늘 가슴 가득 차오르는 적개심을 안고 아픈 다리를 질질 끌며 북으로 향하는 차에 오른다. 뒤늦게 정부가 지어 준 6.25전쟁 납북자 기념관이라는 곳에 가기 위해서다. 오늘 6월 28일에 서울을 뺏기지 않았더라면 우리의 아버지들이 끌려가지 않았을 것이라는 점 등을 고려해서 이날을 기억의 날로 정하고 합동 추모행사를 벌여온 지 11년째다. 서울에 기념관을 짓고 교육의 현장으로도 사용해야 한다는 우리 가족회 측의 주장은 먹혀 들어가지 못했고 임진각 옆의 임진역 철로 변에 아주 좁은 땅에 겨우 기념관을 얻은 것이 7년 전인가보다.

이러니 세상은 언제나 당한 사람만 답답하고 억울한 것 아닌가 모르겠다. 아버지들의 이름을 새겨 준 합동 비석의 아버지 이름에 손가락을 대고 붙인 것처럼 비벼 댈 때면 어김없이 뜨거운 눈물이 볼을 타고 흐른다. 복받치는 설움은 언제나 통곡으로 이어진다. 아이들 보기에 민망해서 아무리 참으려 해도 그 현장은 언제나 새날이다.

오늘은 처음으로 친정의 장조카와 동행하는 날이다. 이제 내가 언제 하늘의 부르심을 받을지 모르는 지경이 되었으니 장조카를 여기 안내해야 할 때가 되었다는 생각에서다. 아버지가 얼마나 기다리다 못 보시고 가신 손자가 아닌가? 시대가 변했다고 하지만 오씨 가문의 일이니 오씨 장손에게 인계함이 순리인 것 아닌가. 그동안은 다니기 번거롭고 직장 등 일로 부르지 않았지만 이제는 때가 되었다고 생각해서

더운 날이지만 불러냈다.
 혼자 올 때보다 든든하고 좋다. 아버지가 많이 좋아하실 것 같아 덩달아 기분이 좋다. 참 사람의 생각이라는 것만큼 묘한 것도 없는 것 같다. 아버지가 살아서 북으로 끌려가시거나 한 것인지, 아니면 남쪽 땅에서 처형이라는 걸 당하고 흔적도 없이 사라지셨는지 아무것도 모르면서 그저 상상으로 북으로 끌려 가셨겠거니 하며 학수고대 일점 소식만 기다려 왔다. 수갑 채인 손에 팔에 포승까지 지워서 끌고 우리 집 현관을 나서던 모습이 아홉 살 어린 딸이 본 마지막 광경이다. 그 사진은 망막에 찍혀 죽어서도 잊지 못할 영상일 것 같다.
 옆의 조카는 1951년 7월 생이니 아버지가 변을 당하신 후에 제 어미 태에 들어앉았다. 당신 남편이 그렇게도 손자를 기다렸다며 저 아이가 태어났을 때 두 손 들고 좋아하던 어머니의 환한 얼굴이 떠오르며 가슴이 복받친다. 무대에서 추모시가 낭송되는데 갑자기 가슴을 밀고 올라오는 통곡이 억눌러지지 않는데 배경음악소리에 묻혀 다행이다 등을 가볍게 쓸어내리는 장조카의 손길이 따뜻하다.
 아버지의 이름자 비석 앞에서 이름자에 손을 얹고 장조카를 소개하는데 웬일인지 눈물이 흐르지 않는다. 좀전에 울어서 그런가 보다. 어머니 아버지가 좋아 할 것 같다는 생각에 마음이 편안해진다. 언제면 저 임진강을 건너 북쪽으로 흔적을 찾아가 볼 수 있을까? 이제 저 조카가 가기를 바랄 수밖에 없을 것 같다.
 어머니, 아버지, 저 이제 서울로 갑니다. 추석에 올게요. 오늘은 특별한 동행을 실천한 날이다. 든든하고 좋다. 이제 내가 못 와도 걱정할 것 없다. 오늘의 동행자가 특별하지 않은 보통의 나들이로 이곳을 자주 찾아줄 테니까. 여전히 이글거리는 오후 2시의 해는 위세가 등등하게 대지를 녹일 듯이 열기를 쏘아댄다. 74년 전 우리의 아버지들이 겪었을 고초의 뜨거움에 어디 비할 수 있으랴. 그 가슴에 타오르던 분노의 열기는 오늘의 더위 따위에 비교도 할 수 없을 일이니 부채질도 송구스러워 하염없이 땀만 흘린다. 차는 서울을 향해 무심히 시동을 건다. 아버지, 또 올 수 있게 해 주세요.

만나고 싶은 허수아비 나의 삐에로

황금물결 일렁이는 가을 들판에 허허로이 서 있던 그들은 다 어디로 갔는가? 쌀 한 톨을 위해 7만근의 땀을 흘린다는 농부의 애환을 겪을 것 없이 주인의 배려로 하루아침에 그 넓은 곳간지기가 된 사내. 왜 우리는 그런 이름에 아비를 붙였는지 모르겠다. 우리를 목숨처럼 지키는 이가 어미일진대 어째서 지킴이의 자리에 아비를 불러냈을까? 아마도 봉건적 사고에서 볼 때 부족을 지키는 이는 남성이었을 것 같아 그랬으리라 짐작은 간다.

우리 어린 시절 그들은 어린 것들에게는 괜찮은 구경거리이기도 했다. 서울에서 살다가 피난 내려가 처음 보아서 그랬는지는 모르지만 약간 구부정하기도 한 자세로 황금들판 한 가운데 서 있는 그가 재미있어 보였다. 불어오는 바람에 소매 깃이 휘적휘적 날리기도 하고 삐뚜름하게 쓴 밀짚 모자가 흔들거리기도 하는 모양새가 왠지 재미있어 보였던 기억이 난다.

전주에서 20리 길에 있는 외가에 가면 바로 집 앞이 논밭이어서 그런 광경은 마당같이 느껴지는 곳에서도 마주 할 수 있었다. 머슴 아저씨가 허수아비 만드는 것을 구경하기도 하고 옷매무새를 연출하는 것을 보면서 그 아저씨가 신기하게 달라 보이기도 했다. 그 허수아비들이 과연 참새를 얼마나 쫓아주었는지, 곡식을 얼마나 지켜주었는지 계량적으로 통계를 낸 적은 없지만 1년 농사를 애써서 지어놓고 멀쩡한 새떼에게 몽땅 털리는 것보다는 그런 것이라도 세워놓고 위안을 삼았던 심정을 생각해보면 우리 민족의 기막힌 해학의 현장을 보는 기분이다.

얼마나 멋진 민족인가? 그들이 그 실효성을 어찌 믿기만 했겠는가? 그 상징성과 주술에 가까운 심리적 요법? 아니 실제로 참새를 조금은 쫓을 수도 있었으리라. 비라도 내리는 날이면 옷이 젖어 어쩌나? 춥진 않을까? 쓸데없는 걱정을 하면서 작은 가슴을 졸이기도 했다. 그러다가 어느 날 엉뚱한 곳에서 허수아비라는 이름이 불리는 것을 듣고 화들짝 놀랐다. 그때는 이미 어른이 된 후였다.

내가 허수아빈 줄 아나? 상사가 옆의 직원에게 소리친 한마디에 돌아보니 서류를 들고 그 직원의 턱밑에 들이밀면서 이렇게 허술하게 일을 했느냐고 호통을 치는 것이 아닌가? 그 요점이 내가 허수아비로 보였냐는 것이었다. 아아 그날 나의 뼈에로는 산산이 깨져 나갔다. 이미 야릇하게 멋지던 허수아비는 더 이상 존재하지 않았다. 꿈의 허상이 이런 것인가?

그 이후론 심심찮게 여러 곳에서 허수아비란 말을 듣게 되었다. 그것은 어디에도 그 전의 낭만과는 거리가 먼 나쁘고 못된 것들과 연관된 상황에서만 쓰이는 낱말이었다. 요즘에 아예 누구를 졸로 보나? 하는 말에 대신해서 단골로 불려나가는 관용어가 되어버린 지 오래다. 아무개 회장은 허수아비다. 그 집 남편은 허수아비다. 여러 말들이 회자 되지만 국민을 허수아비로 안다는 말은 더 듣고 싶지 않다.

황금벌의 낭만이 아니어도 좋으니 그 텁수룩한 허수아비를 한 번만 만나보았으면 좋겠다. 진짜 허수아비를, 멋진 춤사위로 펄럭이는 소매 깃의 나부낌이 눈에 선하다. 아아 나의 뼈에로여 더는 우리를 노엽게 하지 말아다오. 그리고 돌아와 다오 우리의 가슴 한복판에.

회원_시

박 영 률
〈부회장〉

- 강원도 양구 출생
- 교수 34년 봉직(교육학박사(Ed,D), 철학박사(Ph,D)
- 한국문인협회 홍보위원, 국제펜 평화작가위원회 위원
- 사) 현대시인협회 지도위원 외 여러 문학단체 고문
- 사) 우리나라사랑(통일부 법인) 이사장, 국가발전 기독연구원장(대표)
- 사) 한국교회 복지선교연합회 이사장, 세계시문학회 회장
- 사) 세계기독교문학가협회 이사장 및 대표회장
- 하나로 선《사상과 문학》발행인 겸 편집인
- 시집으로 『한줄기 바람되어』 외 다수
- 칼럼집으로 『언덕밭을 갈며』, 『봄은 언제나 겨울을 이긴다』 외 다수
- 논문 : 『박영률 교수 정년퇴임 기념논총』 외 다수

아침햇살 외 4편

아침햇살이
마포구 토정로 198
창가에서 서성이고 있다가
해맑은 모습으로
서재로 뛰어든다.

찾아온 햇살이
손 내밀어
다정하게 악수하며
화창한 봄이 왔으니
여행하며
함께 놀잔다.

해서 아침햇살과 함께
즐거운 여행을 떠난다

봄여행이다.

나무처럼 살리라

나무처럼 살고 싶다

가을엔 빛바랜 낙엽을 뿌리고
겨울에 잎 지고 앙상하여도
다시 새봄이 오면
우리 모두에게 부활을 알려주는
새싹이 돋아나고
그 싹은 자라나 꽃피고
울창한 숲이 되어
열매를 약속한다.

하여 나무는 결코
절망하지 않는다.

모든 과정을 이겨 내는
나무처럼
살아가고 싶다.

나는 한 그루의
나무이고 싶다.

야생화

제멋대로
혼자서 웃고 있다.

비바람에 흔들리며
혼자서 피어난 꽃
돌봐주는 이 없이
장하도다 야생화여

홀로 피어나서도
잘도 웃고 있다.

산야에 들판에
계곡에서도
온통 웃음보가
터지고 있다.

가슴속으로

바다가 가슴속으로
밀려 들어와
거대한 파도가 된다.

파도치는 가슴
가슴으로 우주를 포옹하며
그 넓은 가슴에
산이 있고 바위도 있고
흙이 있으니 옥토가 되고
바다가 있어서
바람까지 선사하니

온갖 나무들이
가슴에 심겨져
잘도 자란다.

가을의 병

가을이 되면
지병이 돋아난다
나는 가을을 앓고 있다.

가을만 되면
그리움으로 잠못 이루고
콜록콜록 기침을 하며
외로움을 토하고 있다.

가을에만 앓고 있는 병
오래된 지병이다
어느새 눈물이 고이고
멍하니 창가를 바라본다.

회원_시

김 영 석
〈부회장〉

- 서울동작문인협회 5대 회장 역임
- 시인, 아동문학가, 컬럼리스트, 수필가, 화가, 동화구연가, 서예가
- 서울시교육청장학위원, 서울남부교육청장학위원
- 사) 지구촌국제학교초대 교장 역임
- 남강교육대상, 동화구연대회 금상(색동회), 좋은아버지상,
  국무총리상(모범공무원), 황조근정 훈장수여(대통령)
- 한국문협회원 조직위원. 문예작가회 고문. 아리수문학 부회장,
  아시아 문예진흥원 부이사장.
- 종려나무출판사 대표. 종합신문 주필 칼럼리스트. 동작명예기자
- 한국베스터문학상. 학구문학 대상, 한국문예 대상, 동작문학 대상 등
- 동시집 : 『청개구리선생님』, 『퐁당퐁당 꽃동산』
- 에세이집 : 『내 사과나무 인생』
- 시집 : 『아버지나무』 외 다수

청포도 외 4편

조석으로 부는 바람
가을을 재촉하고
청포도 알알이 익어 갑니다.

달 가듯 가는 세월
온몸으로 느낄 때면
날이면 날마다
살 오르는 포도송이

옹기종기 저희들끼리
손에 손을 잡고
달콤한 향기 풍깁니다

돌아서는 나의 발걸음 잡는
반짝이는 포도알들
그대 눈동자 같아서

행여 그임 오시려나
나무 밑을 서성입니다.

카멜리야

동백꽃 동산 수백여 야생화
만발하게 풍겨주는 꽃향기를 토하고
카멜라야 동백꽃

빨강 분홍 연분홍 하얀 꽃 잔치
말없이 품어 주는 재롱잔치

하루 하루 신선한 풍류 따라
세월 변해가는 삶의 이야기
향기로 아름답기만 하다

청포도 익어가는 칠월 아쉽지만
벌써 코스모스 한들한들 얼굴로
살랑거리는 모습 이쁘다

카멜라야 동백꽃
오늘도 하늘 빛으로 익어가는 모습
너의 이름을 가슴에 새겨간다.

천지 백두산

백두산
이름만 불러도
너 백두산을
만나보려고
수만리 이국땅에서
길따라 여기에 왔단다.

백두산
가슴 설레인 마음으로
기도하는 마음으로
보고 싶은 마음으로
여기 어디라고
달리고 걷고
여기까지 왔단다.

백두산
안개 낀 가파른 길
마흔두 개의 굽이굽이
고갯길 따라 정상에 오르니
탁 트인 하늘 아래

가슴 벅찬 마음

너 장백산 장군봉
너를 안으니
가슴 뭉클한 마음
감격, 기쁨, 감회, 사랑
두 손 모아 가슴 모아
통일의 꿈 그리며
이제야 너를 찾았노라
아! 이날 그토록 보고픈
백두산 천지 오늘따라
신의 배려 속에
너를 만나 모두 우리 손
높이 올려 만세! 만만세!.

그리스군 참전 기념비를 찾아서

아~ 어찌 그날을 잊을 수가 있는가?
그리스군은 '복은 자유 속에 있고
자유는 용기 속에 깃든다' 는
굳은 신념을 가진 용감한
그리스군 용사들이여~

세계 평회와 정의를 위해
이국 땅 한국 전쟁에
참여하여 이한 몸을 바친 용사들이여~
오~호라 741명의 고귀한 생명 바친
용사들 위에 영광, 영광이 있으라

그리스는 6.25 사변 전쟁에 젊음으로
참전하였던 것을 기념하기 위해
세운 참전 기념비를 나사동 동지들이
이제서야 찾아 왔노라

그리스는 6.25 사변 전쟁 기간 중
육군 1개 대대, 공군 수송 편대를 파견(派遣)하여
한국을 지원하였던 평화를 위해 지켜온 나라이다.

주요 전투는 313고지 전투,
노리고지 전투 등 수많은 전투를 치렀으며,
6.25 참전 기간 중 전사(戰死) 188명,
부상 459명의 피해(被害)를 입었다.

고귀한 뜻을 기리기 위하여 대한민국은
그리스군 참전비는 그리스와의 영원한
우의를 기념하고, 전쟁 중 산화한
그리스 군 장병들의 숭고한 영혼을 추모하며

지난 1974년 경기도 여주시 가남면 오산리
푸른 초원 위에 연 면적 500평에
이 참전 비를 건립하여 영원한 평화의 동반자여
길이길이 영원히 빛나리~

숭고한 희생, 피흘려 주신 그리스군 용사들이여
영원히 영원히 편히 잠드소서 조국은 잊지 않으리라

가을 여행

여행을 떠나요
이 가을에 사랑의 여행 떠나요

오늘 삶이 힘들고 복잡하더라도
모든 것 뒤로 하고 훌쩍 떠나세요

햇빛에 반짝이는 붉으스레한 잎들
손짓하고 있어요

길가의 가을꽃 코스모스 곱게 수 놓았고
맑은 하늘 헤집고 들어와 가슴 설레게 해요

가벼운 옷차림 손잡고 가면
마음은 하늘 날고 발걸음 가볍게
산과 들 걸어요

탐스러운 열매 반가운 손짓하고
낯선 곳 두 사람 하나가 돼요.

회원 _ 시

이 강 흥
〈부회장〉

- 서울서대문문인협회 5대 회장 역임
- 전남 보성 출생
- 서강대학교 공공정책대학원 졸업
- 월간《한맥문학》(1996)과 계간《문학과 의식》(2006)으로 등단
- 한국문인협회 정책개발위원. 국제펜한국본부 이사,
  한국문화예술인걷기운동본부 이사장,
  이강흥문학연구소 소장. 로컬세계 칼럼니스트
- 저서 : 『사라져 가는 것이 아쉽다』 외 다수
- 영랑문학상 대상, 푸슈킨문학상, 아리수문학상, 서대문문학상,
  제35회 한국창작문학상 대상 수상
- 지격 심리상담사 1급 외 1급 24개 취득

천생연분 외 4편

인생의 삶에서
사랑 내음이 나는구나
어떡하면 좋을까
당신과 나도
인연으로 만났으면
영원한 천생연분으로
살아 봅시다

사랑도 인생도
처음부터
잘 될 거라 믿지 말고
우리 서로 노력하면
천생연분으로
잘 될 겁니다

서로 사랑하면
사랑한다고
늦기 전에 말하라
우연이라도 좋으니
우리 사랑하면 안 되나

천생연분처럼
당신이 좋아 놀랜다

내 인생의 천생연분은
하늘도 놀라고
땅도 놀라는
천생연분 인생은
나에게
당신이었으면 좋겠다.

북한산은 길을 열어 준다

남과 북이 하나로 가지 못하고
세상을 각자 놀다 보니
민족의 젖줄은 어디 가고
바람까지 막혀
지켜보는 북한산은
길을 열어 손짓한다

행복하게 웃고 사는
서울을 향해서
꺼지지 않는 등불처럼
자유 대한민국을
지킨다

반만년의 혈맥을 이어온
단군의 자손답게
한반도를 지키는 것이
우리의 길이다

이제 기다림으로 지친 한강도
수도 서울에

가장자리를 지킨 남산도
세월에 앉아
북한산을 바라보면
북한산은 누구나 오라고
길을 열어 준다.

당신처럼

세상은
당신 때문에 원망보다
당신 덕분에 감사함이
행복을 가져온다

무엇이 문제인가
당신처럼 예쁘다고 말하면
무엇을 손해 보는가

세상에 하나뿐인
당신이 있어
내가 존재하며 산다면
당신은 무어라
말하겠는가

인생도 낙엽 지듯
사라지는 것이 아쉽지만
운명은 하늘이 주신 것이니
사는 동안 마음 비우고
즐거운 생각으로

자신을 지키며 살자

장미꽃보다 예쁜
당신이 있어
세상에 지지 않는
행복의 꽃이 핀다.

세상의 미래는 우리 아이다

세상도 눈을 뜨고 달린다
가다 보면
이런 일도 저런 일도
있겠지만

자연과 가깝게 지내니
병은 멀어지고
사랑만 다가온다
그 사랑 속에
우리 아이가 태어나
세상을 밝힌다

우리 사회 행복을 주는 것도
우리 아이고
희망을 심는 것도
우리 아이다
아이가 없다면
세상은 불 꺼진
어둠의 세계다

세상에 아이가 없다면
가장 소중한 사람이
없는 것이다
그렇다면 미래는 있겠는가

그래서 우리 아이를 사랑하자
아이 없는 세상
상상하지도 말고
우리 아이들이 마음껏 뛰노는
세상을 만들어 주자.

시詩의 경고

세상에 들려주고 싶은 노래처럼
누가 어떻게 가야 한다고
말하는 사람은 드물다
그러나 세상을 향해
바르게 살라고
시詩는 말한다

한 시절 사계절에
시詩가 없다면
꽃이 피는 아름다움을
무어라 말하며
누가 자신을 지키리

바람이 스치면 꽃향기가
아름다움을 날리듯이
인간의 삶도 세상을 살면서
어떻게 살아야 하는가
묻고 싶다

시詩가 세상을 향해
경고한다
독서를 하며
가을처럼
행복하게 살라고.

회원_시

배 문 석
〈감사〉

- 서울영등포문인협회 제3대 회장 역임
- 사) 국제PEN한국본부 이사 인문정보화위원회 위원장, 계간문예 기획위원,
- 한국문협영등포지부 고문, 문학인신문 논설주간, 한국문학신문 편집위원, 사) 한국통일문학회 이사, 영등포예술인총연합회 부이사장,
- 문학과학통섭포럼 상임대표, 남촌상생사회적협동조합 부이사장,
- 사) 한국문협 한국문학관건립위원장
- 국제PEN한국본부 '2016 세계한글작가대회' 집행위원회 부위원장 역임
- 시집 : 『황조롱이 날개위에 올라』, 『바람 위의 집』, 『그 물감에 얼비치는 낯 설음』, 『격렬비열도 날개 달다』, 『시를 팔다』 외 2권
- 칼럼선집 : 『인간의 사회적 통섭 조건』 외 2권
- 수상 : 제1회 경북일보문학대전, 제8회 해양문학상, 국보문학 대상. 계간문예작가상, 대한민국 시인상 금상, 제4회 영등포문학 대상, 제9회 항공문학상 외 다수

신호등 앞에서 외 4편

길을 건너려면 어김없이
삼색등과 마주친다
파란 불이 켜지면 곧바로 직진이고
노란불이 켜지면
머뭇거리지 말고 바로 멈추라는 약속이다
빨간불이 켜지면 그 자리에 꼼짝마라는 경고다
살다 보면
신호등 같은 일 어디 하나둘일까
기다림이 불문율인 그 앞에만 서면
고뇌 속을 누비는 강이 발길을 막는다
잠깐만 한눈을 팔면 운명이 바뀌고
생과 사의 찰나가 그 자리에 멈춰 있다
말없이 보내는 삼색의 말이 귀를 후빈다
나를 돌아보는 겸손이 먼저라고 한다
불이라고 같은 불이 아니다
약속의 불이다
어긋나지 않는 불을 켜고
믿음의 씨가 그 길을 지키고 있다
촛불 하나 든 소녀가 거기에 서 있다

너에게 혹은 나에게

숲이 새들을 품듯
내 마음속에도
꽃잎 편지가 빼곡하게 깃들어 있다
하늘도 바람 안고 구름 떼를 몰고 다니듯
계절 넘는 고개에서는 비를 뿌리고
무딘 기다림도
마음에 칠해 둔 색깔들을
빗물에 풀어 놓는다
천지가 꽃밭인 세상,
하늘 한 자락 끊어
무지개 같은 내 마음 매달고
너에게로 편지를 띄운다
하얗게 빛바랜 시간 동안
너에게 보낸 무지개가 너와 나를 이어가듯
풍선처럼 부푼 꿈을
가지런히 가슴속에 심고 있다

그림 벽화

하늘은 가끔 아낌없이 속살을 보여준다
가린다는 게 쉽지 않은 까닭에
맑고 투명한 푸르름까지

푸르게 감춰진 저 물감에는 이미,
멍든 바다가 숨어 있는지 모른다
끝없이 펼쳐진 저 푸른 창공에

간혹, 바람을 걸치고 흘러가는
구름 조각들이 그림을 훔쳐간다
꽃이 되었다가 새가 되었다가

때로는 먹구름을 몰고
하늘을 지워버린 암흑이 그려지기도 하고
빗물로 새로운 형상을 조형하는

저 속내를 누가 알까?

벽화란 세로로 세워진 벽에 그린 그림이 아니다.
하늘도 누워 보면 바다 같은 벽이다

거기에 그림은 시시각각 얼굴을 바꾸지만

하얀 양떼를 몰고 가는 풍경을 그려 놓는
누가 흉내라도 낼 수 있을까?
다만 하늘의 마음씨만 아는 저 벽화를

눈꽃여행

눈발이 시야 밖으로 하늘을 숨긴다
시그렁 시그렁
겨울열차도 숨찬 소리를 내며 달려가고
바퀴는 설국 속으로 빨려간다

나무에도 대지에도
허공을 나눈 경계를 넘어
눈꽃들이 내려 앉는다
열차는 달리고 산과 들은 눈꽃천지다

나는 설국으로 가고 있다
하늘 향해 뻗어있는
마천루 같은 아파트가 즐비한 지붕 위에도
나지막하게 엎드린 단층집 지붕들 위에도
단꿈을 꾸고 있는 비닐 하우스 위에도
눈꽃송이는 나비처럼 날아가 앉는다
여기가 설국일까?

들에는 앙상하게 휘어진 갈대와
오갈피나무, 왕버들나무, 피나무 가지가

사시나무 떨 듯 덜덜덜 떠는 엄동에
칼바람 이겨 내고 있는 그 문턱 밖은 백설이 눈부시다

분분한 눈꽃을 밟으며
아름찬 겨울 속을 걸어간다
등짐 하나씩 벗어 던지면서
나는 겨울 동화속으로 스며든다

동백은 지고

겨울 햇살이 쨍그랑 깨지고 있다
얼어붙은 나무들이 부스스 몸을 떨고
활강하는 꽃잎들은 눈물겹다

가지 사이로 성글게 내민 동백꽃이
흰눈 위에 몸을 던져 붉게 눕고
바람은 붉은 입술을 훑으며 달아 난다

동박새 울던 고개 너머에 피던
꽃들이 봄을 물고 올 거라는 속삭임에
겨울 나무는
파랗게 얼어 붙은 몸을 한 줌 햇살에 녹이면서
헐벗은 가지를 끌어안고 입김을 불어 넣는다

계절이 빗나간 허름한 시간에
동백은 떨어져 이지러지고
달빛에 물든 밤이 너울거리는 그 자리
또 다른 오늘이 겨울잠을 깨우고 있다

회원_시

김 상 경
〈감사〉

- 서울양천문인협회 7대 회장 역임
- 한국인사동예술인협회 시가모 회장
- 한국경찰문학 수석 부회장
- 코리안드림문학 사무총장
- 시집 : 『고요한 것이 수상하다』

가을 삽화 외 2편

가을은 화려하며 쓸쓸한
시간의 내리막이다
그 길목엔 사랑의 벗겨진 껍데기
인생, 한여름의 한숨이 즐비하다

한걸음 한걸음 밟으며 미끄러져
가는 하늘엔 구름 한 점 없어
떠나 버린 여인과 벗, 어머니
어머니 그리고 원수의 얼굴……

세상의 계절은 결국 떠나는 것임을
가르친다
따뜻한 얼굴이 떠오르면
가슴이 덥혀지고

그 검은 추억의 얼굴은 예리한
비수의 잊혀진 아픔을

가을길은 서리만큼이나
미끄럽고 춥다

따뜻한 이야기 하나
단풍으로 날아와
온돌 되어 식힌 가슴을 뎁힌다

나 어떻게 해야
그대에게
따뜻한 이야기 될까

장미다방

지금도 화곡동 경찰서 사거리를
지나면 장미꽃 냄새가 난다

시간도 아득한 삼십 년인가
사십 년인가

장미꽃 피어나던
붉은 벽돌
붉은 입술 긴 블랙 브라우스
서양을 건너온 검은 장미 한쪽에서 말보로 향기를
공중에 말아올리던

칙칙폭폭
기차가 하늘로 오른다
그것은
먼 목포로 가는 야간 열차

달빛 내리는 옥상에서
볼에 반짝이는 물빛을 보았네

연락선을 타고 떠난 그미는
지금쯤 돌아 왔을까

나는 죄 많은 짐승
검은 장미의 한 잎 심장을 훔친 후
그후 돌아가지 못했네

차마 빈손
지금
그 앞을 스치네

죄스러운 미생

언젠가 돌아오겠다는
그 붉은 언어를 지금
속죄하네

관순 누나

나는 열두 살 소년
그때 부르던 이름 위에
누님 자를 얹어
불러 본다

다정스런, 꽃물 들여주던
담너머 누님
삐비꽃 따러 가고
함박꽃 웃음짓던
달덩이 누님

그 누님, 파고다에서
만세 부르고
덜컹덜컹 기차소리
독립독립 대한독립
만세 만세 대한민국 만만세

소리 들으며
아우내 장터
태극기 여린 손

짓무르져 휘날리고
목이 터졌네

목화밭 저고리
황톳빛 되도록
부르고 부른 노래
대한독립만세

갈빛 재판정
"귀코가 잘리고
손다리 부려져도
그 통쯤이야
나라에 바칠 목숨
하나밖에 없음이 유일한 슬픔이지"

갈라진
누님의 쉰 소리
눈감고 듣습니다

살아 있었다면
정말
대한이 있었다면
지금쯤
아들 그아들의 아들이
웃음 지으며
할머니로 불렀을
백발의 고결한 이름

할머닌 저리 두고
어머니 이름으로
생의 고랑
갈아볼 녹색 기회도 없었던
조국의 누우런 하늘밑에
목이 꺾인 소녀

나는 열두 살 소년
그때 부르던 하늘 위에
이름자를 불러봅니다
관·순·누·나

일흔 소년
지금도 삼월이면
목메이는 거룩한 이름
영원별 우리 누이
담넘이 박꽃 같은
하얀 누나
관순 누나

해마다 삼월, 초록빛 돌아오지만
누나 부를 때 마다
눈시울은 더욱 붉어집니다

회원_시

장 동 석
〈홍보위원장〉

- 한국문인협회 구로지회장 12, 13대 회장 역임
- 월간《한국시》시 부문 신인상 등단
- 세계시문학상 대상, 한국창작문학대상,
  구로문학상, 한중문학예술교류대상 수상
- 국무총리 포상, 대한민국 녹조근정훈장(대통령) 수훈
- 한국산림문학회 이사, 세계시문학회 이사, 문학인신문 선임기자
- 한국예총 서울시연합회 구로구지회장(역)
- 시집 : 『구로동 수채화』, 『물 위에 쓰는 詩』, 『허수아비의 찬가』 등 12권
- 수필집 : 『태양이 있는 밤에』, 『공자 曰 맹자 曰』 外 多數

가을의 여인 외 4편

검붉은 옷자락을 걸친
여인의 뒷모습을 볼 때면
에메랄드 빛 추억들이 되살아난다

가장 멋진 생애를 살고
세월의 진부한 빛깔을 무심히 껴안은 채
진한 그리움에 몸부림치는
마지막 남은 잎새들

사랑이 남기고 간 자국마다
아리아의 꿈은 사라져 간 지 오래됐고
아련한 추억만 남아
한잎 두잎
초연의 꿈조각을 회상하다가
죽음을 맞이하는 설움에
그리움만 자꾸 토해 내고 있구나

화려함을 선보이고
텅 빈 거리마다
별빛도 무심코 잠이 든 채

말없이 흐느끼는 여인의 슬픈 뒷모습뿐

절망의 늪을 이내 빠져 나와
바람 불면 부는 대로
또 다른 꿈을 찾아 길을 떠나간다

세월의 계단

높고 낮게 놓인 삶의 계단을 밟고
가쁘게 걸어온 운명
지금껏 빠짐없이 오르내리며 살아왔다

어느덧 세월은 흐르고
내 평생 예순아홉 계단을 넘어
살아온 뒤안길을 돌아보니
너무도 아쉽게 살아온 여정이구나

하늘 위를 걷는 꿈을 향해
뜨거운 열정으로 헐떡거리고
한 계단 두 계단 삶의 계단을 밟고 돌아본 순간
가슴이 찡하게 절여 버린
벌써 인생의 절반을 넘게 밟고 있는가

여태껏 거침없이
부질없는 바람처럼 방황하며
내가 탕진한 세월을 보라
얼마나 운명을 아쉽게 흘러 보냈는지

이젠 계단을 밟고 오르내리는
절반을 훨씬 넘은 인생
미련과 후회 없이 뜨겁게 살아야겠다

메아리

새벽 산책을 하다가
산책길에서
얏 호오~ 얏 호오~
영원한 동반자를 또 만난 반가움에
가슴이 터지도록 외쳐본다

풀잎에 맺힌
이슬이 떼르르 굴러 떨어지는
고요한 이 순간에
아직 잠에서 덜 깬 온 천지가 떠나가도록
마음껏 소리쳐 본다

모든 시름 하소연을
온몸으로 소리쳐 풀어내며
힘껏 고함쳐 찌릉찌릉 울려퍼지는 메아리
늘 홀로 몸부림치는
외로움을 소리로 메워 준다

새벽 산책을 하다가
산책길에서
얏 호오~ 얏 호오~
그리움을 불러내 헤어지는 아쉬움에
가슴이 아프도록 외쳐본다

항아리

그리운 그 옛날에
우리 집 뒤뜰 안에 자리 잡은
옹기그릇 오지그릇
행복을 돋우던 항아리가 생각나는구나

햇살이 스며드는 장독대 한 모퉁이에
어머니의 정성 어린 손길로
크고 작은 키 순서대로
올망졸망 들어앉은 항아리들

그 옆에 앵두나무 한 그루가 우뚝 선 채로
매미들의 쉼터가 되고
군데군데 깨진 항아리 틈 사이로
채송화 봉숭아가 활짝 피어 있었다

한 계절이 다 가도록
구수한 된장 간장 고추장 익어가는 소리로
어디선가 똥파리가 날아들고
우리 집 장독대는 무척 행복했었지

이젠 세월이 흘러
어머니가 하늘나라로 떠나신 후
주인 잃은 항아리는 화려한 시절 다 잊고
한 귀퉁이로 내팽개쳐져 있다

그대와 나

내가 그대를 좋아하는 것은
그대로 하여금 끝내
나의 모든 것을 찾아볼 수 있기 때문이다

나는 그대가 아니고
그대는 내가 아닌 다른 사람이지만
그대와 나는 서로 등질 수 없는
우리라는 것이다

우리는 시작부터
반쪽으로 태어나 각기 다른 곳에서 살다가
우연한 인연으로 만나
결국은 불이무이(不二無異)인 것처럼
그대와 나의 관계는
족보(族譜)까지 따라다니는 몸이 되었구나

그대가 나를 이해하는 것은
나로부터 그대를 찾아볼 수 있기에
그대와 나는 세월(歲月)이 갈수록
익어가는 것이다

그대와 내가 사랑하는 것은
정작 끊을 수 없는
우리는 죽어서도 함께 묻힌다는 것이다

*不二無異 : 이는 서로 다르면서 결국은 하나라는 뜻.

회원_시

곽 광 택
〈이사〉

- 서울동작문인협회 6대 회장 역임
- 한국창작문학, 국제문단
- 상강시인회 자문위원
- 계간문예 이사, 현대작가연대 위원
- 저서 : 『용서의 미소』, 『친구에게 주는 사랑의 말』,
  『사랑한다는 것은』, 『마음의 선물』 외 다수

마음의 벽 외 4편

너의 불확실성을 극복하고
슬픔에서 벗어나라
존재하는 것을 기뻐하라

선을 행하라
나를 위해 말고
우주만상을 위해 하라

친절하며 선의 길을 따르라
목표를 갈망하고 헌신하라
늘 용기 갖고 정진하라

마음의 벽을 다 허물고
사랑으로 가득차게 하라

함께

너와 나
함께 손잡고
간다면 좋다

살아가려면
서로 손잡고 함께
웃으면 기쁨과 위로가 된다

서로 함께 간다면
비가 와도 눈이 와도
비바람이 불어와도
마음은 훈훈하다

사랑은

사랑은 눈빛으로 말한다
깊은 잠에서도 다시금
깨어나 눈빛으로 시작한다

사랑은 지극히
작은 일에서부터
나보다는 너보다
함께 있을 때가 좋다

아름다운 사랑은
한없이 주고
다시금 주었을 때처럼
아름다운 사랑은 없다

사랑의 그림자

그리울 때 눈감으면
별을 봐도 달을 봐도
울지 않는다

가슴을 비집고
사랑을 비워 낼 때마다
허우적거리는 외로움

임을 향한
사랑의 그림자는
터질 것 같은 그리움

너를 위해

밤이슬이 내리는
먼 하늘에 달무리 보듯
이제 막 깬 너의 모습

환한 미소 기쁜 미소
소중한 건 너를 위해
사랑만을 생각하리라

너를 위해
이 밤도 기도하며
뜬눈으로 새운다

회원_시

권 필 원
〈이사〉

- 서울금천문인협회 회장 역임
- 《太師文學》 발행인
- 재경남원문인협회 부회장
- (前) 한국창작문학 회장
- 한국문인협회 회원
- 문학 에스프리 등단
- 문예사조 등단
- 저서 :『혼돈』,『이 시대의 번뇌를 넘어서』외 공저 다수

해당화　외 4편

보슬비 간간히 내리는 그 해 가을
동네방네 떠돌이 역병이 번져
다섯 해 살다 세상을 하직할 손녀가
병간호 하던 할머니께

"할머니 나 죽으면 땅 속에서 어떻게 살아"
억장이 무너지는 절규를 했다
아버지 독한 술 한 사발 벌컥벌컥 마시고
어머니는 골목마다 울음을 퍼 나르는
마른 잎 같은 내 유년의 기억은 아프다

빌어먹을 세상!
그게 나의 이웃 동생이었다
그물망처럼 촘촘하게 엮어진 이별들은
그 누가 만들어 놓았는지!
얼마 후 해당화 한 묶음
키 작은 묘지 위에 시들어 있었다

수채화

은빛 모래사장 옆
오붓하게 모여 있는 조약돌들의 소근거림
물 먹은 나룻배의 초라한 모습
모래밭에 손가락으로 새겨놓은 언약들
능수버들 가냘픈 몸짓도 사실적으로 그렸다
물결치는 밀밭 위에 노니는 아지랑이도
파란 들판 유채꽃 몇 송이도
노란 물감으로 콕 찍어 발랐다

내 가슴속에 간직한 수채화 속에는
뻐꾸기 울음소리도 그려 넣었다
산골짝 물이 졸졸 흐르는 소리도
초록 물감으로 콕 찍어 그려 넣었다

그 수채화 한 폭이
지금 나의 가슴속에 소장되어 있다

스쳐간 바람은
스쳐간 인생은 그릴 수가 없었다

달빛

사랑이
참 사랑이 아니라고
빛이
진정한 빛이 아니라고
부정 하시는 달빛
애처로운 저 사랑을
저기 어머니 얼굴을 보아

어둠을 삭혀 희망과 절망을 삭혀
은은한 정으로 나누어 주시는 빛
아주 오래된 켜켜이 먼지 쌓여진
저, 조선 등잔불의 평화를 보아

푸줏간

저것 봐!
정교하게 해체되어
신의 저울로 무게를 달아놓은
그래서
자유가 된 저 붉은 살점들
처절하게 찢겨진 저 자유들

아마도
절대자의 자비가 있었음에
사악한 정령들의
고귀한 영혼의 양식으로 쓰일게야
머지않아
우리들 영혼도 도살되어
정육점 진열장에 빼곡이 쌓여져
비싸게 팔릴게야

독하다

옛 고향 개여울 징검다리 사이로
바람처럼 살아야 한다고
그래서 우리는 흘러 가야만 한다고
천년을 흐르는 물 소리들 변함 없는데
오지 않는 옛 사람을 오매불망 기다리며
지나간 추억에 삶을 지탱하고 있는
동구밖 당산나무 참 독하다

달빛도 스쳐간 공동묘지들이 속삭이는
고향 뒷동산
보라색 감자꽃 피어나던 아스라한 그 시절
우울한 구름들 무심히 산등성 넘어가듯
아늑한 산 그늘 아래 뻐꾸기 울음소리는
마지막 수의를 입은
저승 어머니가 날 부르는 소리 같이
귓가를 맴도니
세상 참! 독하다

회원_시

김 기 동
〈이사〉

- 서울중구문인협회 회장 역임
- 《심상》으로 등단
- 아가페선교교회 청지기
- 사) 한국문인협회 인성교육위원장 역임
- Fuller Theological Seminary 졸업(Counseling & Caring 박사)
- 사) 한국예총 서울시지회 부회장 역임
- 사) 한국예총 서울중구지회장 역임, 현 고문
- 사) 한국문인협회 서울중구지부 현 고문
- 해피트리인성교육원 원장
- 수상 : 법무부장관 표창(2020), 대한민국예술문화공로상,
  사) 한국예총 예술문화공로상, 사) 한국문인협회 이사장상
- 저서 : 『상처는 그대 가슴에 별이 된다』, 『더해피트리』, 『메멘토 모리』

장암리 첫날 밤 외 4편

처음 이 낯선 동네에
첫발을 내디뎠을 때
황톳빛 슬픔이
사르르 밀려왔다.

살얼음판 같은 마을을
바람 따라 휘 이 휘
조심스레 한 바퀴 돌았다.

적. 막. 산. 천.
쿨럭이는 촌로의 기침 속에
숲이 잠잠히 흔들렸다.

잠시 술렁이는 마을
휘영청 달빛 아래
교교한 외로움
컹 컹 개 짖는 소리

잠을 이루지 못하고
바람에 실려 밤새 흔들린
정암리 첫날 밤.

노마드*의 시학 · 1

적신赤身을 드러낸 나무
그 아래 가만히 앉아
내려놓음의 미학을 배운다
나무들처럼 하늘로 손 내미는 일도
민들레 홀씨처럼 이름 날리고 싶은 맘도
화려한 꽃처럼 얼굴을 내미는 일도
다 내려놓게 된다
그래도 여적, 내려놓을 게 많아
내 육신 저 깊은 곳에서
아직도 더 비워 내고
다 내려놓으라 한다.

*노마드: 유목민을 뜻하는 말

어머니의 묘비명

젊은 날엔 세상살이에 치여
어머니 묘비명을 쓰지 못하고
가슴 한 켠에 묻어 두었다.

잎 무성히 자라난 무덤등
가을이 깊었다
차가운 작은 비석에
내 뜨거운 손 가만히 대어본다

내 여태 비밀히 간직해 온
공동 기억의 창고에선
어머니 유언의 편린들이
펄펄 꽃잎으로 떨어져 내린다

실핏줄을 타고 흐르던
선홍의 눈물 조각들
음지를 감아 오르는 덩굴 식물이 되고.

호젓한 산속에 홀로 앉아
묘비명을 쓴다.

어머니의 마지막 한마디
'예수 의지하고 살거라'

어머니는 아직도 내게
오일장에서 김 술술 오르는
국밥 한 그릇 말아 주시던
유년의 시장기 위에 숨 쉰다

어머니의 묘비에
아버지의 하모니카 선율 한 올 한 올 새겨드리던
코스모스 하냥 슬펐던 오후……
가을꽃 가녀린 꽃대 위론
재 너머 불어온 솔바람이
청아하게 흔들리고 있다

깊은 산중의
뜨거운 눈물 한 방울
가슴 저 깊은 곳으로 스민다.

소금꽃

소금꽃은 바다의 눈물이다*
바다의 눈물이 상처를 보듬어
방글방글 작은 꽃을 피운다

그 작고 짭짤한 꽃의 뿌리
바다에 닿아 있어
소금꽃이 필 때마다
바다는 가만히 숨죽여 운다

나는 엄마의 가슴에 피어난
하이얀 소금꽃을 본다

소금꽃은 엄마의 눈물을 먹고
오물조물 자란다
그래서 매양 짜디짜다

소금꽃은 내 생채기에서도 핀다
어른이 된 요즈음도
가슴 저 한 켠에

매일 매일,
하이얗게 피어난다.

*어느 시인의 시에서 인용

회귀
– 오늘이 나의 마지막 날이라면

내 사랑하는 이웃들에게
미소를 지으며
작별 인사도 못하고
떠나는 일이 없도록

춥고 낯선 지하실에서*
사랑하는 사람들이
나의 주검을 슬프게 바라보는
일이 없도록

오늘이 나의 마지막 날이라면
이웃들과 초연히
선불 작별 인사를 하고

내 영혼의 본향本鄕 길
오르고 싶다.

    * '모리와 함께한 화요일' 에서 인용

회원_시

김 종 희
〈이사〉

- 서울마포문인협회 6대 회장 역임
- 1982~3년 《시문학》 등단
- 충북 청주 출생, 연세대학 영문학과 졸업
- 현대시인협회 지도위원
- 국제펜한국본부, 한국여성문학인회, 한국기독시인협회 자문위원
- 시집 : 『이 세상끝날까지』, 『S부인은 넘어지다』 등
- 영시집 : 『Adam is Sad』, 『김종희시선집』
- 시문학상, 한국크리스천문학상, 영랑문학대상,
  세계시문학상 대상 수상

사랑의 힘 외 4편

우리가 지상에 머무는 시간이
비록 잠깐이지만
어둠을 몰아내고 평안을 누리며
빛으로 사는 동안
서로를 비추어 위로하고
어두운 길을 밝히던 그 환한 빛은
아름다운 환環을 이루며 지상을 떠날 때
그 파장을 바꾸며 한없는 힘이 되어
우주로 돌아가 영원을 떠돌며
또 다른 탄생을 꿈꾸겠지

머나 먼 우리들의 고향

어린 시절, 한여름 밤에
평상平床에 누워서 바라보던
별들이 초롱초롱 빛나며 반짝이던
그 맑고 신비로운 밤하늘이
생명의 원소들이 어물어가는
별들의 정원인 것을
머나 먼 우리들의 고향인 것을
그 정원에서 수확한 열매들로
우리가 이루어졌다는 것을
80여 년이 지난 오늘, 알았다

전나무가지와 같은 우리들

무쇠솥에 밥을 짓느라고
부엌 아궁이에서
전나무가지들이 활활 타고 있다
불꽃은 나뭇가지에 섞여 있던
해와 비와 공기를 풀어 내어
굴뚝 밖으로 내보내느라
탁탁 소리를 내며
숯과 재를 만들고 있다
숯은 불순물이 정제된 탄소덩어리,
나무가 흙에서 빨아들인 광물들이
아궁이 밑에 재로 남아 있다
우리 몸도 이와 같아서 천천히 시들어
언젠가
전나무가지와 같은 운명에 놓일 것이다,

죽음에 대하여

사람들은 죽음을 잊고 열심히 살다가
결국은 과거를 회상하며
바로 코앞에서 검푸른 너울을 뒤집어쓴
죽음을 바라보게 된다.
두려워 피하고 싶지만 피할 길이 없다
앞도 뒤도 사방이 막혀 불가능하다
우리는 우리가 생겨난 우주 먼지로 되돌아가야 할
원자와 분자들의 일시적 배열에 불과함으로
서서히 부패과정을 통하여 죽을 수밖에 없다
죽음은 이 세상에서 사라지는 것일 뿐
몸을 이루고 있던
흙에서 온 유기물은 흙으로 돌아가고
우주 먼지로 돌아가야 할 원자, 분자들은
시간을 초월한 저 광활한 우주,
원자들이 춤추는 우주로 돌아가
함께 춤추며 영원히 존재한다는 것을
그리고 본래 내가 없다는 것을
죽음을 통해 알게 될 것이다

인간과 밀알의 유전학

겨울 날, 눈은 내리고 밤이 깊어도
하루의 중압을 풀지 못하는 합정동 로터리
자정이 지나 1시, 2시에도 집에 들지 못한 사람들
신호대기 앞에 길게 늘어선 차 안에 앉아 있다

나는 고층아파트 창으로 눈 오는 거리를 내려다보며
이런 저런 생각을 했다

지구라는 이 작은 별에서 부모의 유전자를 전수받아
나타났다가 흔적도 없이 사라져야 하는 인간들을
불쌍히 여겨 인류애가 넘치는 그리스도는 말했다
"한 알의 밀이 땅에 떨어져 죽지 아니하면
 한 알 그대로 있고 죽으면 많은 열매를 맺느니라."*

－밀 한 알이 발아하여 많은 밀알열매 맺음이 온전한 것이라면
한 인간의 죽음을 인류라는 거대한 존재에서 찾아야 하나?

"자기 생명을 사랑하는 자는 잃어버릴 것이요
 이 세상에서 자기 생명을 미워하는 자는 영생토록 보전하리라."**
그리고 스스로 선택한 십자가 위에서 죽음으로 영생의 길을 열어 보

였다

그런데 나는 나를 미워하기는커녕 죽도록 사랑하니
스스로 생명 없는 삶을 자초하는 것이 아닌가?

천재 시인 이상은 내가 세상에 태어나던 해 봄
일본 도쿄 제국대학 부속병원에서 숨을 거두었다
그의 나이 스물여덟이었다
1936년 늦가을 일본으로 건너간 그는 그해 겨울
거동 수상자로 경찰에 끌려가 유치장에서
한 달을 지나는 동안 몸과 영혼이 무참히 허물어졌다
시인 김기림은 그의 사망 소식을 듣고 '주피터의 추방'
'세기의 아픈 상처'라며 목 놓아 울었다 한다

진리에 멸망당하지 않기 위해
예술을 가지는 것이라고 니체는 말했다
진리가 그를 망쳤나?
그의 시는 영생할까?

　　*, ** 요한복음 12장 24~ 25절

회원_시

노 유 섭
〈이사〉

- 서울관악문인협회 2대 회장 역임
- 광주(光州) 출생
- 서울대 국어과 · 경영학과 · 동 대학원 경영학과 졸업
- 월간《풀과별》에 「가을비 소리」 외 2편 발표(1973, 문덕수 평)
- 《우리문학》으로 시(1990), 《한글문학》으로 소설(1997) 등단
- 시집 : 『꽃배추를 아시나요』 외 10권,
- 소설집 : 『원숭이의 슬픔』, 작시 가곡 등 1600여 곡.
- 수상 : 현대시인상, 계간문예문학상, 기독교문학상, 문학비평가협회상, 작가연대 작가상, 삼봉문학상, 박남수문학상 등 수상
- 국제PEN한국본부 자문위원, 현대시인협회 부이사장 역임

사랑벌레 외 4편

사랑 없는 세상에서
사랑을 많이 하라는가
사방에서 출몰하는 러브버그
자웅이 꼬리를 물고
사랑 삼매경이다
해충이 아니라 한다
아니 익충이라니
하긴 사랑이란 것이
누군가를, 무언가를 해칠 리는 없을 터
사랑이, 사랑이 난다
꼬리에 꼬리를 물고
사방팔방에서 사랑이, 사랑이 날아다닌다
가정에서 직장에서 관공서에서 국회에서
오물풍선에도 대북전단에도
탄도미사일이나 자주포에도
자웅동체 사랑이, 사랑이
꼬리에 꼬리를 물고
사랑을 하라고, 사랑을 하라고
수많은 비행기떼 운항을 한다

이날에

이가 상해 씹지 못하면
죽을 천천히 어루만져 넘기고
오른팔을 못 쓰면
왼팔로 살아야지요

구급대원이 수십 번 전화를 해서라도
받아줄 응급실을 찾아야 해요
러시아에 간 북한 병사도
우야든둥 살아남아야지요

이날에
주렁주렁 붉은 감 보이고
온 얼굴에 따스운 햇살 비쳐드니
수많은 물음표 속에서도
가슴을 쓸어내리며
넘치는 내 잔이 보여요

한 땀 한 땀
– 한국 근현대 자수전, 국립현대미술관 덕수궁

부귀영화와는 거리가 먼 이들이
부귀영화를 노래한다
한 땀 한 땀 혼수용품으로
모란과 태호석, 공작과 화조花鳥를 새긴다
십장생을 병풍으로 두른다
그렇지 않기에
현실과는 너무 먼 그대들이기에
다만 꿈의 손길로라도 나아가자는 것일까
예술가라 하지 않아도
수방 궁녀가 되어, 수공예학원 수방에 모여,
안방에서 수틀을 잡고
자수를 짓는다
어머니처럼 스스로는 누릴 수 없는 것들을
예나 지금이나 빌고 비는
여인네들의 마음이 여기에 있다
수심繡心으로 조용히 바늘 잡고 앉아
색실로 한 땀 한 땀
표면과 뒷면을 누비는 동안
찾아드는 기쁨에 젖어

이 땅에서의 삶을 노래하는 동안
스스로 원앙이 되고 국화가 된다
오동나무 위 봉황이 된다

언뜻 바람 불어오니
덕수궁 안 능소화와 배롱나무꽃, 도라지꽃,
연못의 왜가리와 노랑어리연꽃도
그 위로 오버랩되어 색색실로 비쳐 든다

가벼우신가 봐요
− P시인에게

한강의 노벨문학상 수상이 자랑스러운
대학 캠퍼스 안
해방 후 가장 오래된 문학단체에서 주최한
작가대회 개막식이 끝나고
나눠준 그 단체의 70년사 책가방

4킬로 책 무게에 짓눌려
다들 곤혹스러운 귀갓길,
그 책 무게까지 다 싣고
엘리베이터를 타고 올라가야 하는데
함께 온 문인들 다 탈 수 있을지
그 용량이 궁금하다

소설가는 안 되면 내가 내리면 된다 하였는데
망설이다 마지막으로 P시인이 올랐다
엘리베이터는 다행히 울리지 않았다

"가벼우신가 봐요"

그래요 가벼우시기를

시월 마지막 날의 낙엽처럼, 푸른 하늘처럼
책 무게에도 짓눌리지 않고
거기에 나오는
어떤 문인의 이름에도 짓눌리지 않고
세상 무게에도 짓눌리지 않으시기를

문인이란 이름으로
아니 그 어떤 이름으로라도 얽매이지 않고
지금 사시는 곳, 그 자연처럼 자연으로
몸과 마음이 가볍게
그리 가볍게 살아가시기를
실은 내가 그리 하기를 빌어보는
방황하던 그 대학시절이 향수로 다가오는
이 늦은 가을 저녁

추석은 추석이라고

의료대란 속에서도
추석은 추석이라고
시장이 붐빈다
응급실 뺑뺑이로
사람이 죽어가도
추석 아닌 하석이라 해도
오랜만의 연휴라고
해외로 떠난다
그래 그렇지
언제 어떻게
보장된 하루가 있었던가
그래 그렇지 오늘도 그렇게
주어진 하루를 사는 거지
오랜만에 보게 될
자녀 손주들의 보름달 웃음을 기다리며
더도 덜도 말고 오늘 하루만 무탈하라고
색 고운 송편을 빚는 거지

회원_시

서 성 택
〈이사〉

- 서울서대문문인협회 회장 역임
- 사) 한국문인협회 이사 역임
- 사) 민족중흥회 운영위원 친선위원회 의장
- 사) 설봉서원 부이사장 역임
- 사) 전국자연보호중앙회 자문위원
- 이천서씨대종회 회장
- 사) 국제펜한국본부 회원
- 동국대학교 행정대학원 운영위원
- 해외 희생동포 추념사업회 상임이사
- 한국저작권협회(노래가사) 정회원
- 서울지회 여대지부회장협의회 이사
- 한국민족문학상 본상, 대한민국 청룡대상, 불교문학상 대상, 서울시민 화합부문 대상, 일붕문학상, 문예사조문학상 대상 수상 등 다수
- 1950. 10 가을운동회 마라톤 우승상(놋쇠: 밥그릇) 2회
- 설봉서언 복원추진위원(부이사장)

충심(忠心)의 고려 등불 외 4편

오천년 역사속에 통안의 고려국은
충심의 무력장수 고려의 건국수호
거란의 침공군을 서희가 설전승전

거란의 소손녕은 철군을 명하면서
압록강 도강칠군 여기가 경계로다
서희의 무혈승전 고려는 만사형통

충신들 분토제안 서희는 극구반대
소손녕 군막으로 담판의 설전논리
잘못을 뉘우치고 거란은 철군키로.

임진왜란의 수호신

일본의 잔악성은 국경을 불법침범해
안정된 조선국을 짓밟아 혈전장으로
國難을 평정코자 義兵을 발동시켰다

위대한 紅衣장군의 특출한 전법으로
적진의 기선제압 임진란을 평정하니
忠義의 망우先生은 영남의 전승장군

玄郭八走 : 전성기
一門의 三綱명문 임진란 安陰현감
충의에 父死하고 효도에 子死하고
烈義에 婦死하니 정려각을 표창하였도다.

유적지 탐방기

의병 발상지인 의령읍 충익공성지
충심의 의병들은 의병장 뜻에감동
전란을 평정하여 잘살게 하겠노라

전공자 이름새겨 드높인 위령탑은
장군의 휘하의병 용맹을 떨쳤으리
역사속 영원토록 살아서 숨쉬리라.

전승지를 찾다

달구벌 망두공원 성벽을 보는순간
마상에 올라타신 장군의 飛天의상
왜군이 홍의장군 용맹에 달아났지

왜적의 행군길목 명중의 화살촉은
적진을 풍비박산 비명의 항복깃발
승전의 만세소리 백성도 한목소리.

통일은 대박의 길목

철마의 고동소리 남북의 도라산역
갈길을 잘라버린 한서린 민족분쟁
이제는 그쳐야지 통일의 문을열자

세계속 대한민국 지구촌 횡단철길
통일은 대박 박근혜 대통령의욕망
화합의 통일문을 손잡고 같이열자

한많은 이산가족 원한을 씻어주자
한평생 피멍으로 울분을 터트린다
긴세월 잊지못해 목메게 불러본다.

회원_시

오 진 환
〈이사〉

- 서울서초문인협회 9대 회장 역임
- 시집 : 『까치밥으로 남긴 감 하나』 외 3권
- 정년퇴임 기념문집 : 『사람을 낚는 어부』
- 수상 : 탐미문학상, 자랑스런서울시민600인상, 국제문학교류상(한국-인도)대사상, 한국민족문학상, 세계시문학상 대상, 서초문학상, 아리수문학상, 교육부 장관상, 녹조근정훈장(대통령 2006. 8)
- 국제PEN한국본부 전) 이사, 서초문협 고문, 세계시문학회 명예회장, 사상과 문학 자문위원
- 2000년 월간 《문학21》로 시 등단

그리운 숲 외 4편

봄, 여름, 가을, 겨울,
계절이 다르다

은빛 갈대
여인과 함께
손을 잡고 걷는 모습이 아름답다

옛 기차를 타고
자연, 공기, 바람, 나무들 힐링이다
에코 랜드 자연의 맛,

자연을 보며 느끼는 맛
그리워지고 보고 싶고
숲의 친구가 되고 싶다

아! 그리운
숲, 자연

초록빛 향기 숲을 걷다

동녘하늘에 송송 피어오르는 구름 사이로
불끈 솟아오른 저 태양은 누구의 얼굴일까요
초록빛 향기 맡으며 숲을 걷고 있다

화사하게 밝아온 성큼한 날을 맞이했고
매일 되풀이 되는 일상을 한켠에 곱게 접어 두고
오월의 풋풋한 향기와 바람이 씻기는

살내음처럼 코끝을 스치고
고즈넉한 산길엔 종달이와 뻐꾹새
울음으로 오월을 노래하니

떡갈나무 소올솔 피어오르고 너울지는
야생화는 각양각색으로 아름다운데
어디선가 들려오는 풍경 소리에

눈도, 코도, 입, 귀도, 마냥 흐뭇해지는
한적한 산길을 걸었습니다.
노년의 멋은 외모에서 풍기는 것보다

정신적인 면에서 함께 조화를 이룰 때
더욱 아름답고 누구에게든 먼저 따뜻한
손길을 내밀 때 더욱 아름답지 않을까 생각해 봅니다

충청도 양반 길

산막이 옛길이 끝나는 지점부터
새로 개장한 충청도 양반 길이 이어진다
흙길을 고스란히 보존해 걷는 맛을 북돋는다

천혜의 자연환경과 어울러져 걷다 보면
저절로 힐링이 되는 기분에 사로 잡힌다
태곳적인 신비를 그대로 간직하고 있다

충청도 양반 길은,
용추폭포, 갈천정(갈은제2곡), 연하협구름다리,
신랑바위(사모바위), 운교리습지, 용추폭포연리목,

십자가상(갈은구곡), 화양구곡길, 각시바위(선유대)
양반길다락 논,
높은 산과 맑은 물이 함께하는 경관이 뛰어나다

아름드리 자연 송림이 울창하고
다양한 수목과 야생화가 어우러져
사계절 수많은 방문객의 사랑을 받고 있는 곳이다

용소폭포

동해바다를 바라보며
느끼는 삶의 여유
웰빙 휴양을 원하는 사람들에게
최적의 휴식처

수평선 넘어가며 홍빛 바다
노을로 출렁이듯
서서히 어둠속으로 자취를 감추던 붉은 태양
물들이며 찬란하게 떠올랐다

합동 전국장로 부부수련회로
오색약수, 그린야드 호텔,
홀리장로 합창단, 개회, 저녁예배 찬양으로
하나님께 영광 돌렸다

권재호 목사의 특강,
성령 충만, 은혜 충만,
은사 충만한 시간이었으며
워샵, 성악가의 특별 찬양,

아침에는 용소폭포,
자연, 금강문, 오색약수의 편한 길
산새들의 지저귐, 웅장한 바위, 물소리,
마음껏 느끼는 산행이었다.

우울하면 기차를 타라

먼 산의 눈꽃들이
내 마음에 아롱거리며

태양의 신비한 모습에
감동하는 사람, 사람들…….

새해를 어떻게 보낼까?

슬픔과 기쁨,
눈물과, 웃음

오늘의 고통
내일의 기쁨
우울하면 기차를 타라!

회원_시

오 희 창
〈이사〉

- 서울양천문인협회 3대 회장 역임
- 호 : 삼호당(三乎堂)
- 청주대학교 법과대학 법학과, 동국대학교 대학원 졸업(사회복지 전공)
- 법무부이사관, 대전지방교정청장, 대통령표창, 홍조근정훈장
- 1997년《수필문학》수필 추천, 1998년《문예사조》시 추천
- 문학상 : 월간문학상, 양천문학상, 불교문학대상, 서포문학대상, 문화예술부문수상(양천구민상), 황희문학상, 대한민국CEO독서대상 등 다수
- 사) 한국문협 남북문학교류위원, 사) 국제펜, 남북교류위원, 오우문인회장, 한하운문학작가회장, 월간 문예사조 편집위원, 월간 한맥 편집고문, 갈체시동인회장, 불교문학회 고문, 한국문예학술저작권협회 회원
- 저서 :『삼호당문집』,
- 수필집 :『아들 하나 점지하고 오게나』,『가을세대의 향기』, 『세월이 남긴 이야기』,『파도를 삼킨 바람으로』4권
- 시집 :『하늘이 기울 때 더 큰 가슴으로 온 그대에게 묻는다』,『불꽃 한 송이』, 『낙엽이 꽃보다 아름다운 건』,『날고 싶다』,『오래되어야 좋다』, 『추억이 흘러 시가 되려니』,『가을 들판에 서서』7권

만월 외 4편

달빛 하늘 가득 차
별이 숨을 죽이면
여왕으로 군림하는 만월
별이 총총 빛나면
시나브로 이즈러져
권좌의 그늘에 걸친 그믐달
돌고 도는 세상
서러워 말고 "옛날이여!" 에
매달려보는 말
메스껍지 않은가

태양

아무리 고달파도
늦잠 한 번 자지 않고
신 새벽
어두움의 장막을 헤치고 나와
하늘 땅 바다
온 누리를 일깨우는
자비의 손길이여
만 중생의 어버이여

빗물의 속뜻은

보슬비
개나리 입술
노랗게 적시더니

소나기
열매를 두들겨
살찌운다 싶더니

장대비
주룩 주룩
논두렁타고 넘는다

안개비
골진 가슴
부풀게 하더니

이슬비
방울방울 흙 속으로
스며들더니

나래를 펴
하늘을 거니는
비상(飛上)을 꿈꾼다

고향

골짜기마다
가득 찬 전설을
내리쏟는 별과
밀어를 건네는 산마을
나무마다
여무는 출향인(出鄕人)은
마침내 염주알 처럼 맺혀
여러 줄기 강물로 방랑하고
피붙이 찾아와 누운
서산머리
빈 산에 담긴다.

눈물 II

꽃이 시듭니다
달이, 별이 기웁니다
시간은 우주 안에
갇힌 삶을 쫓고 있습니다

저 언덕에서
손을 흔들며 가는
그를 보려다가
내 심장으로 돌아온 것은
눈물이었습니다.

회원_시

장 승 기
〈이사〉

• 서울동작문인협회 4대 회장 역임
• 성균관대학교 졸업
• 심훈시비건립추진위원장
• 한국예총 동작지회 회장
• 도서출판《글숲》대표
• 시집 :『아내의 잠』외

노치원을 아시나요 외 4편

어쩌다 낯선 동네에 들어설라치면
제일 먼저 개 짖는 소리
이어서 아기 우는 소리
아, 사람 사는 동네구나 싶지요

그 동네에서 하늘 높이
노래 부르고 소리치던
귀여운 조무래기들이 뛰놀던 유치원이
언제부턴가 원생이 줄어들면서
문을 닫고 노인 돌봄 시설인 '노(老)치원'으로
간판을 바꿔 달고 있다는 거 아시나요
그림 그리고 노래 부르고 먹는 것까지
유치원 닮았다고 해서 '노치원'이라 부른다네요

어둔 귀까지 맑아질 정도의
청아한 이기들의 외침이
어느샌가 목 쉰 노인들의 기침소리로 바뀌었다고 해서
그 누가 억울해 하거나 슬퍼할 건가요
저출산으로 아기들의 숫자는 줄고 노인들만 늘어나니까
노치원은 우후죽순처럼 불어날 것을

그 누가 손들어 말리려 할까요

이제 어느 동네에서도
아기들의 울음소리 듣기는
더욱 어렵게 되었네요

오늘도 노치원 실버버스
정적을 울리며 달려갑니다
은발을 휘날리며!

이 사람을 찾습니다

동작구에 배회중인 남자(81)를 찾습니다
170cm, 65kg, 갈색 바지, 검정 신발, 회색 모자
                            －서울 경찰청

키와 몸무게가 다를 뿐 나와 다를 게 없었다

아침 일찍 집을 나와 벚꽃잎 눈처럼 흩날리는 동네 약수터 한 바퀴 돌고 오래된 정자에 앉아 낯익은 노인들과 커피 한 잔 하고 내려오는데 지팡이에 의지한 할머니가 물었다.
"요즘 왜 꽃 안심어?"
모처럼 밥이나 같이 먹자고 약속한 옛 직장 동료들과 만날 시간 어긋났나 바람 맞고 오래 다니던 어르신 복지관 앞 공원 벤치에 우두커니 앉아 누굴 기다리는가. 지하철 타고 어서 집에 들어가야 할텐데.
50년 지기 군대 친구 오랜만에 만나 김치찌개에 막걸리 몇 잔 마시고 이제 술친구는 나만 남았다며 술값 계산하고 나오면서 그가 말했다.
"우리 아프지 말고 또 밥 묵자!"
길 건너 내가 탈 마을버스 정류장이 저긴데 오늘따라 마을버스가 문득 나를 알아볼 때까지 나는 기다릴 것인가.

그래, 지금 내가 갈 곳은 정녕 어디인가.

있을 때 잘해

늘 보이던 사람이 갑자기 나타나지 않으면 간 거지
이사를 갔거나 이민을 갔거나 아니면 병원에 실려갔거나
'있을 때 잘하라'는 말이 있지만
자주 만날 때 밥 한 끼, 막걸리 한 잔이라도
정답게 나누는 게 최고지
상대가 죽고 나서 후회한들 무슨 소용 있겠나
살아있을 때 잘 해야지 그럼.

불씨

사람들은 누구나 가슴 속에 불씨 하나 간직하고 있다지만
자기 안에 불씨가 없다고 생각하는 사람
한때는 있었지만 지금은 꺼져버렸다고 낙담하는 사람
그런 사람만큼 춥고 배고픈 인생이 있을까

우리가 나이 먹고 늙으면
불씨가 사그러들거나 꺼진다고 여기는 사람들
자기 잿더미를 찬찬히 뒤적이면
아직 불씨가 살아남아
깊은 밤 별빛처럼
반짝고 있음을 발견하게 될 것이다
그 불씨를 살려 활활 불꽃을 피는 일이라면……

막차를 타기 전에 한 번 뒤돌아보자
나의 자랑스런 선택이 기다리고 있을지도 모른다
불씨는 불타고 싶으니까.

장례식장에서

이젠 여기저기 자꾸 아파서 죽겠다
널널한 시간과 겨루기 지겨워 죽겠다
언제까지 살지 모르니 앞날이 막막해 죽겠다
엄살도 함께 늙어가나 보다

죽겠다 죽겠다 하면서도 여전히 살아있는 친구들
그들을 한꺼번에 만날 수 있는 곳이 장례식장이다
나를 위한 축가는 서서 들어도
나를 향한 진혼곡은 누워서 듣는다
살아온 길이나 놀던 물이 달라도 눕는 곳은 하나다

안부가 궁금해 한 번 보았으면 싶던 친구나
다시는 안 봐도 생각날 것 같지 않던 친구나
저마다 손에 손에 흰 봉투 하나씩 들고 나타나
영정사진 앞에 정중히 국화 한 송이 올리거나
옷깃을 여미고 다소곳이 엎드려 큰절을 한다

장례식장 가득 은은한 만수향에 취한 걸까
아, 죽음 앞에선 누구나 똑같이 착해지는구나.

회원_시

조 남 선
〈이사〉

- 서울강서문인협회 회장 역임
- 《국제문예》 시 부문 신인상 수상 등단
- 사) 한국문인협회 문학치유위원회 위원
- 국제문인협회 제2대 회장 역임. 저작권협회 회원, 불교문학회 명예회장
- 제6회 불교문학대상 수상, 강서문학상 본상 시 부문 「광장시장」으로 수상
  제5회 송강문학예술상(시 부문) 수상
  위대한 한국인 100인 대상(국제문단 문학부문) 수상
  제10회 한국예초예술문화대상 수상
- 유튜브문학방송 '詩詩한 남자'에 출연
- (現) 강서구 방화동 소재 "開華寺 好禪會" 입승
- (現) 계간《국제무단》 발행인 및 편집인
- 저서 :『군두쇠』,『우리 꿈을 향한 불꽃』동인지 공저 外 다수 발표.
- 인봉 조남선 시집:『이눔아』,『쇠똥 밭에 꽃이 피고 나비가 나네』

가을 어머니 외 4편

마당 전 뒷동산에
이불 홑청 펼쳐놓고
토닥토닥 부지깽이
깨 털이 하는 소리

덜 영근 깻단은 하나둘 석단
엇걸어 밤이슬 다시 맞히네
가을 낮 따가운 햇볕은
수줍은 속내를 보이라며

자꾸만 짓궂게 보채대면
하얀 속 살며시 내보이네
해 질 녘 토닥토닥 깨 터는 소리
그렇게 가을을 거두시던

어머니 당신이 그립습니다

쌀을 일 때

아해야, 아는가 그것을
바가지에 쌀을 일 때
어머니가 손끝으로 왜
물을 축여 튕기는지를

쭉정일망정 버리기란
그래서 '一米七斤'인 걸
고픈 시절에 귀한 것을
툭툭 바가지를 치던 걸

어머니 손끝이 命 줄인데
귀한 것을 잊고들 사니
아해야, 잊지를 말거라
그렇게 제일 소중한 걸

거꾸로 가는 시계

찰칵찰칵 시계 소리 들린다
고물 장수의 가위질 소리 들린다
시계 소리는 정녕 미래로 갈 텐데

고장난 시곗바늘이 거꾸로 돌고 있다
하- 세상 험악하니 옛날로 가고픈가
엿장수 맘대로 그 시절로 가고픈가

고장난 시계처럼 갈 수만 있다면
찰칵찰칵 거꾸로 가고 싶다
아득한 옛날 그 먼 날로……

다리 위에서

다리 위에서 서성거린다 어디로 가야 하나
해는 서산에 떨어지고 길게 드리워진 세월 자락에
짊어진 인생 보따리를 내동댕이쳐 놓고
웃음 반 한숨 반 어느 때는 흥타령을 대신하며
여전히 다리 위에서 이정표를 찾는다

비구름 바뀌고 눈바람 거셀 적에도
다리 위엔 언제나 건너가는 풍경일 뿐
다리 위에선 언제나 喜悲가 엇갈리지만
아무도 이 다리를 탓하고 나무라지 않는다
저물어 가는 인생을 아쉬워할 뿐!

어제와 내일을 잇는 '오늘'이란 다리 위에서
나는 무엇이며 당신의 모습은 어떠한가?
오고 가는 길 모를 뿐 모두들 다리를 건넌다
日月 光風이 먹구름을 희롱해 대지를 적시네

'오늘'이란 다리 위에서 太陽을 바라보네

봄이 오는 소리

봄이 오는 소리가
들려옵니다
산골짜기에서
졸졸졸 돌돌돌
다람쥐가 손을 씻고
한 모금 마시고
또 한 모금 물고는
삭정이 가지 위로
치닫는 소리가
들려옵니다
다람쥐가 할딱입니다
조용히 조용히
봄이 오는 소리가
들려옵니다

회원_시

윤 수 아
〈사무총장〉

- 서울구로문인협회 14대 회장 역임
- 《문예사조》 수필, 《지구문학》 시 등단
- 지구문학, 문예사조 편집장 역임
- 한국문인협회 회원
- 시울림동인회 회장
- 한국산림문학회 이사
- 아리수문학 · 세계시문학회 사무총장
- 수상 : 제8회 구로문학상 수상 (2019) 외
- 시집 : 「시 그거 얼마예요」 외

소리의 유혹 외 4편

스르륵!
세월에 잠긴 흔적들 사이
날카로운 시간의 모서리로
시시각각 갱신되는
소리의 유혹들

삐리릭!
디지털 시대 마이다스의 손이
피리 불며 빗장 여는 소리

덜커덩!
바람든 가시내
가슴 뛰는 소리

철커덩!
교도소 대문에
쇠창살 채워지는 소리

오늘 그 소리의 근원을 찾아
시원(始原)의 숲 속으로 떠나 볼까?

잠시 멈춤

질주하던 고성능 자가용이
신호등에 걸렸다

브레이크 성능이 따라주지 않는데

엔진만 믿고 속도를 높일 수는 없는 노릇
백미러와 사이드미러에
사각지대는 없는지 확인하는 것은 필수

어쩔 수 없이 주어진 멈춤이라면
꼭 필요한 멈춤으로 만드는 것

그것이 우리의 몫인 걸
뒤늦게 깨닫는다.

명절 풍경 하나

명절 풍경을 바꿔놓은
스마트폰의 마력
몇 인치 안 되는 화면 속에서
눈을 떼지 못한다

눈을 맞춰야 대화가 되고
얼굴을 마주해야 피는 웃음꽃인데
블랙홀에 빠져 점점
늪 속으로 빠져든다

어른들이 건네주는 덕담은
귓등으로 흘리고
윷놀이 대신
스마트폰 속 게임에만
몰두하는 사람들

가족들 함께 모여 웃음꽃 피우던 명절
설날 풍경은 점점 낯설어만 간다

기계 속 손놀림만 분주했던 설날
가족의 가치를 잃어버린 사람들의 눈동자가
동공 속으로 흐릿해져 간다.

세상길 걷다 보면

온 힘을 다해 타올랐던 단풍
이제는 마른 잎새 되어
발밑에 뒹구네

저 단풍이 붉어지려면
몸부림 몇 번, 수없는 피돌기
신열은 또 얼마나 오르내렸을까

삶의 고운 빛깔이
바람과 시간의 조화로
탄생한다는 것을……

세상길 걷다
우연히 만나는 물생들에게
질문을 던져 보고 싶다.

법과 정치 사이

너의 차가운 시선에
나의 눈동자가 베인다

바라본다
응시한다
관찰한다

그 사건의 지평선에
블랙홀이 있을 줄이야

거대 중력에 의해 회전하고
공간이 휘일 줄이야

물질들이 빨려들고
에너지가 급상승하고
원자는 조각나 핵과 전자로 부서지고

그 사이로 오로라가 뜨기를 기다린다.

회원_평론

강 기 옥

- 한국문협 문학유적탐사연구위원장
- 국제펜한국본부 이사
- 한국문협 서울시지부 이사
- 국사편찬위원회 사료조사위원
- 서초문화대학 교수
- 서초문인협회 고문

매헌 윤봉길 – 시로 읽는 구국의 결단

* 이 시대의 문학정신

　우리 사회가 이념적으로 양분되어 나라가 국민을 걱정하기보다는 국민이 나라와 정치를 염려하는 상황에 이르렀다. 그래도 삼일운동과 나라를 지키기 위한 임시정부는 그 용어만으로도 분열된 국론을 일체화하는 구심적 역할을 한다. 기미년의 정신은 그만큼 우리 모두의 가슴을 울리는 역사적 공통분모로서 중요한 의미를 지닌다.
　일반 대중의 감회도 그러한데 문인들의 감회는 어떠해야 할 것인가. 일제의 총칼에 필력(筆力)으로 항거한 한용운, 이육사, 이상화, 윤동주와 같은 저항 시인으로부터 교훈을 받는 것도 중요하지만 나라를 위해 목숨을 바친 애국지사를 되새겨보며 그들의 삶을 문학적으로 승화해내는 것도 문인으로서 의무이자 도리다. 윤봉길 의사의 시를 통해 고뇌에 찬 자연인의 면모를 살펴보고 오늘의 문학과 문인의 자세를 되돌아보는 것도 필요한 일이다.

　『동양평화론』과 자서전 『안응칠 역사』, 그리고 휘호 등을 통해 안중근 의사의 위대성을 발견할 수 있다. 『백범일지』『난중일기』를 통해 김구와 이순신의 위대한 정신도 확인할 수 있다. 그렇듯 여타 독립운동가들의 글에도 나라와 민족을 위대한 정신이 나타나 있어 오늘의 현실에서 본받아야 할 요소가 많다. 나라를 위해 산화한 그들의 문집을 발굴하여 읽고 그들의 소중한 정신을 오늘의 문학정신으로 살려내야 하는 것이다.

윤봉길 의사는 다섯 권의 시집과 『농민독본』, 교육을 위한 문집, 서간문 등을 발표한 문인이다. 그동안 상해 홍커우공원에서 폭탄을 투척한 의거로 인해 대부분 무사(武士)적 영웅으로만 알고 있다. 이는 윤봉길 의사의 문사(文士)적 업적을 외면한 결과이며 그의 시와 문집을 읽지 않은 데서 오는 비롯된 편향된 시각이다. 세계만방에 한민족의 자긍심을 떨친 거사만으로도 윤봉길 의사를 충분히 이해했다고 하지만 시를 중심으로 한 그의 글에 나타난 선구자적 면모를 이해하면 존경심은 배가된다. 윤봉길 의사를 비롯한 많은 독립투사의 글을 읽어야 하는 이유다.

✽ 매헌 정신의 시적 승화

독립 운동가들의 활동을 이해하기 위해서는 개념부터 정확히 알아야 할 용어가 있다. 똑 같이 나라를 위해 순국했는데 어떤 기준으로 열사(烈士)와 의사(義士)로 구분하는지의 문제다. 이는 안중근과 이봉창을 의사라 하고, 유관순과 이준을 열사라 하는 호칭에 주의하면 이해가 쉽다. 즉 무력으로 싸우다 죽으면 의사, 무기를 사용하지 않고 맨몸으로 싸우다 죽으면 열사다. 널리 사용하는 지사(志士)는 일반직으로 나라와 민족을 위하여 헌신한 분을 일컫지만 김구 선생을 애국지사라 하듯 독립운동에 헌신한 분들을 존대하여 사용하는 용어다. 유관순 열사가 태극기를 들고 만세운동을 주도했다면 윤봉길과 이봉창 의사는 폭탄을, 안중근 의사는 총을 사용하여 적을 사살했다. 즉 무력 사용의 유무에 따라 열사와 의사로 구분한다.

더불어 광복(光復)과 독립(獨立)의 개념도 분명히 알아야 한다. 광복은 잃었던 국권을 다시 찾는다는 뜻이고 독립은 의존해 있던 상태에서 떨어져 나와 홀로 서는 것을 의미한다. 그러므로 일제에 항거하는 목적은 독립이 아닌 광복이다. 원래 일제에 복속되었던 나라가 아니라 홀로 선 나라였기 때문이다. 그래서 8월 15일을 '독립절'이 아닌 '광복절'이라 한다. 다만 '독립신문' '독립문' '독립군'처럼 '독립'을 일반적인 용어로 확대 사용하는 까닭에 명칭 제정의 논란을 무시하고 '독립기념관'이라 하였다.

충남 예산군 덕산면 시량리에는 윤봉길(1908~1932) 의사의 생가와 사당, 기념관이 있다. 1932년 4월 29일 오전 11시 40분경, 홍커우 공원에서 열리는 일제의 천장절 행사에 물병 폭탄을 던져 대한민국의 기개를 보여준 업적을 기리는 장소다. 충의사는 1968년에 창건한 후 1972년 10월에 사적 229호로 지정했고, 이어 충의문, 홍문, 충의관, 사적비, 어록비, 기념관 등을 세워 대한민국의 애국성지로 확대 조성하였다. 이곳에서 윤봉길 의사를 현창하기 위해 매년 4월 27일에서부터 29일까지 매헌문화제를 개최한다. 사물놀이를 비롯 보부상 가장행렬 등 다양한 볼거리를 제공한다. 그 중 백일장은 그 어느 행사보다 진지하고 엄숙하다. 다른 놀이는 축제의 분위기를 띄우고 흥을 돋우기 위한 양념과 같은 볼거리지만 백일장은 윤봉길의 정신을 되살려내고자 하는 행사의 핵심이기 때문이다.

매헌 윤봉길은 『한시집(漢詩集)』, 『명추(鳴椎)』, 『옥타(玉唾)』, 『임추(壬椎)』, 『염락(濂洛)』 등 다섯 권의 시집을 남겼다. 영웅적 업적에 가려 시인으로서의 윤봉길은 크게 조명 받지 못했으나 그의 시편들에는 암울한 시대의 우국충정과 젊은이들을 일깨우기 위한 선각자로서의 결의가 잘 나타나 있다.

『한시집(漢詩集)』에는 칠언율시 200여 편과 칠언절구 6편 오언절구 2편 등 많은 작품이 수록되어 있는데 2018년 11월 23일 매헌 탄생 110주년 기념 국내학술대회에서 김상기 교수가 성주록을 비롯한 다른 사람의 작품을 모은 것으로 밝힌 바 있다.

『임추(壬椎)』에는 칠언율시 45편, 오언율시 13편 등 58편의 시가 실려 있고 『명추(鳴椎)』에는 칠언율시 17편 칠언절구 3편 등 20편이 실려 있다. 『옥타(玉唾)』는 전반부와 후반부가 내용과 형식면에서 차이를 보인다. 전반부에는 두보와 강치헌, 성주록의 시 등 9편의 시와 서문이 실려 있고 후반부에 실린 37편의 칠언율시를 매헌의 작품으로 본다. 『염락(濂洛)』은 염락관민지학(濂洛關閩之學)에서 인용한 말이다. 염계(濂溪)의 주돈이, 낙양(洛陽)의 정호·정이, 관중(關中)의 장재, 민중(閩中)의 주희가 제창한 송학(宋學), 곧 성리학을 일컫는 말이므로 『염락(濂洛)』은 위 사람들과 소강절, 양귀산 등의 시를 모은 것이다. 결국 다섯 권의 시집 중 뒷부분에 집안의 재산은 물론 가족관계와 인감증명원 등을 수록한 『명추(鳴椎)』를 진정한 매헌의 시집으로 본다.

매헌은 짧은 활동기간에 비에 비교적 많은 글을 남겼다. 그것도 서간문과 농민독본, 마을의 단결을 위해 지은 〈시량리가〉, 〈젊은 청년에게 주는 글〉 등은 서정적 작품보다 지사적인 글이다. 11세에 초등학교에 입학한 후 이듬해에 삼일운동이 일어나자 일제에 의해 교육을 받을 수 없다며 자퇴한 후 17세에 이르기까지 5년 동안 한학을 공부했다. 그 중 성주록의 오치서숙에서 공부했던 기간이 대표적인데 성주록은 성삼문의 후예답게 지행합일의 실천학문을 강조하여 매헌에게 큰 영향을 끼쳤다. 그래서 성삼문의 호 '매죽헌'과 자신의 호 '매곡'을 합성하여 '매헌'이라는 호를 내렸다. 성삼문 못지않은 절개와 결기가 장차 있어 큰일을 할 수 있는 인물로 보았기 때문이다.

윤봉길의 문학성을 이해하기 위해서는 오치서숙의 백일장에서 장원한 작품부터 보는 것이 순서다. 이미 그 어린 나이에 한시를 능숙하게 쓸 수 있는 단계에 이르렀음은 물론 내용적으로도 사내대장부의 기개를 엿볼 수 있는 작품이다. 그것도 잡체시의 일종인 말 잇기의 방법으로 쓴 옥련환(玉連還) 시라서 매헌의 문학적 수준을 쉽게 알아볼 수 있다.

不朽名聲士氣明(불후명성사기명) 불후의 명성으로 선비의 기개 밝으니
士氣明明萬古晴(사기명명만고청) 선비의 기개의 밝고 밝음이 만고에 맑도다
萬古晴心都在學(만고청심도재학) 만고에 맑은 마음 모두 학문에 마음을 두었으니
都在學行不朽聲(도재학행불후성) 배워 행함 속에 영원한 명성이 있네.
           -「학행(學行)」전문

1연의 첫구는 마지막 연의 끝구 3자 不朽聲으로 시작하고 2연의 첫구 士氣明은 1연의 끝구 士氣明로 시작한다. 3연의 첫구 萬古晴 역시 2연의 끝구 萬古晴으로 시작하고 4연의 첫구 都在學은 3연의 끝구 都在學으로 시작한다. 기승전결의 4행이 서로 끝과 시작을 물고 물리는 고리와 같아 옥련환(玉連還) 시라 한다. 능숙한 시적 기교가 있어야 하는데 매헌이 15세에 쓴 작품이다.

물건은 외적 포장이 훌륭하면 내용물도 포장에 의해 덩달아 훌륭해 보일 수 있지만 시는 아니다. 진정한 의미를 담아내야 한다. 이 시를 읽으면 이미 매헌은 자기의 운명을 예견한 듯 배운 모든 것을 나라를 위해 사용하겠다는 자기 암시와 같은 내용을 실었다. 그의 예언대로 불후의 명성은 실현되었고 성주록 선생에게 배운 지행합일의 학문은 선비의 기개를 밝

히는 데 충분히 적용했다. 그래서 대한민국이 존재하는 한 매헌의 명성은 영원하다. 자서에서 15세 되도록 열심히 공부하여 한시(漢詩)는 능숙하게 쓸 수 있다고 밝혀 그의 수준을 짐작할 수 있다.

✽ 시로 담아낸 장부의 유언

매헌의 기개는 이웃 친지들의 증언과 학동들이 남긴 글에 생생히 살아있다. 지지 않는 승부욕과 선각자적 진로는 민족을 위한 탁월한 선택이었다. 다른 사람의 만류와 비아냥에도 아랑곳없이 일본을 이기려면 일본을 알아야 한다며 일본어 독본을 사서 공부한 점, 건강한 신체에 건강한 정신이 깃든다며 자신의 선산을 운동장으로 개간하여 수암체육회를 조직한 점, 집안에 야학회를 조직하여 못 배운 청소년을 교육한 점, 부흥원·월진회 등을 조직하여 농촌 부흥 운동을 전개한 점 등 당시로서는 주어진 여건 속에서 최선을 다했다.

매헌이 그렇게 선각자적 안목을 가질 수 있었던 것은 독서였다. 천도교의 기관지였던 『개벽(開闢)』을 비롯하여 다양한 책을 구해 읽으며 세상 돌아가는 소식을 접했다. 그중 1926년 6월호에 실린 이상화의 〈빼앗긴 들에도 봄은 오는가〉는 매헌의 생각을 크게 자극했다. 시가 주는 감동은 한 인간의 길을 바꿀 수 있을 만큼 영향력이 크다. 1929년 부흥원을 설립한 후 2월 18일 희예회를 열어 촌극 〈토끼와 여우〉를 공연했는데 이 일로 일경은 매헌을 요시찰 인물로 선정하여 연금과 같은 수준으로 감시했다. 그러던 중 광주학생운동을 보고 국내에서의 활동에는 한계가 있음을 느껴 중국으로 망명길에 올랐다. 상해 임시정부에서 김구선생을 만나기 위해서였다. 1930년 3월 6일, '장부출가불생환(丈夫出家生不還)'이라는 휘호를 남겨 놓고 조국을 떠난 이유다.

슬프다 내 고향아/자유의 백성몰아 지옥 보내고/푸른 풀 붉은 흙엔 백골만 남네/
고향아 네 운명이/내가 어렸을 때는/쾌락한 봄 동산이었고/자유의 노래 터였네//
지금의 고향은/귀막힌 벙어리만 남아/답답하기 짝이 없구나/
동포야 네 목엔 칼이 씌우고/ 입 눈엔 튼튼한 쇠가 잠겼네/
고향아 옛날의 자유 쾌락이/이제는 어데 있는가!/
악마야 간다 나는 간다/인생의 길로 정의의 길로/어디로 가느냐고 물으면/
유랑의 가는 길은/저 지평선 가리켜/
오로지 사람다운 인류세계의/분주한 일군 되려네//
갈 곳이 생기거든 나를 부르오/도로가 울툭불툭 험하거든/
자유의 불꽃이 피랴거든/생명의 근원이 흐르려거든/이곳이 나의 갈 곳 이라네//
떠나는 기구한 길/산 넘고 바다 건너/구렁을 넘어 뛰고/가시밭 밝아 가네/
잘 있거라 정들은 고국강산아//

-〈이향시〉전문

이 시를 쓸 때는 김상용이 청나라로 끌려 갈 때의 심정과 같았으리라. '가노라 三角山아 다시 보쟈 漢江水야/ 故國山川을 써ᄂ고쟈 ᄒ랴마ᄂ/時節이 하 殊常ᄒ니 올 동 말 동 ᄒ여라' 청음 김상헌은 청나라와 끝까지 싸우자고 주장한 척화파였으니 청나라로 끌려가는 것이 곧 죽음의 길이었다. 그래서 조국강산을 떠나며 다시 올지도 모르겠다는 막연한 심정을 노래했다.

매헌의 '장부출가생불환' 이 투쟁을 선언하는 선전포고이며 실질적인 유언이라면 '이 향가' 는 구체적인 활동상을 제시한 것이다. 1연에서는 속박의 현실에서 고향의 서정적인 옛 모습을 그려냈다면 2연에서는 아예 박탈된 자유, 구속된 장애아의 신세를 한탄했다. 3연에서는 일본에게 인류 평화를 위해 떠난다는 선전포고의 장면이다. 그것도 끊임없이 줄기차게 싸우겠다는 결기를 담아냈다. 4연에서는 구체적으로 갈 곳을 제시했다.

결국 내가 떠나야 하는 이유, 내가 이루어야 할 세상으로 생명의 근원이 흐르는 곳으로 상정한 것이다. 5연에서는 곧 김상헌의 삼각산과 같은 장면이다. 장부출가생불환을 다짐하는 이별이다.

장부출가생불환은 그렇게 간단한 문구가 아니다. 매헌이 웅지를 보이기 위해 한 편의 시에서 핵심의 줄기만 뽑아 7자로 줄였지만 사실은 큰 뜻을 품은 명사들이 즐겨 시구로 이용하는 문구다. 원시(原詩)는 진시황을 암살하기 위해 형가(荊軻)가 역수(易水)를 건너며 부른 노래의 뒷부분이다.

風蕭蕭兮易水寒 바람은 쓸쓸하고 역수 강물은 차구나
壯士一去兮不復還 장사가 한 번 가면 다시 돌아오지 못하리
探虎穴兮入蛟宮 호랑이굴을 찾는가 이무기의 궁으로 들어 가는도다
仰天噓氣兮成白虹 하늘 우러른 외침이여! 흰 무지개를 이루었도다

한 번 가면 되돌아오지 못할 길인 줄 알면서 떠나는 것이 건곤일척의 승부를 앞둔 사람의 결행이다. 죽음으로 겨룬 승부에서 이긴 자가 천하를 얻는 것이니 대장부라면 당연히 도전해볼 만한 일이다. 형가는 진시황 살해에 실패하여 되돌아오지 못했으나 매헌은 경천동지의 위업을 남기고 조선의 기상을 세계만방에 떨쳤다. 그러니 고향에 돌아올 만하다. 그러나 성공하고도 돌아오지 못했다. 이미 유언장을 쓴 상태였으니 〈학행(學行)〉 시에 나타난 대로 이룬 것이다.

이 시는 일본의 유명한 월성화상의 〈제벽시〉가 원형이다
南兒立志出鄕關 學若不成死不還
埋骨何期 墳墓地 人間到處有靑山

마오저뚱(1893~1976)은 17세에 이 시를
> 孩兒立志出鄕關 사나이 뜻을 세워 고향을 나서면
> 學不成名誓不還 배움으로 명성을 얻지 못하면 돌아오지 않으리

라 했고 일본의 사이고 다카모리(1828~1877)은
> 南兒立志出鄕關 남아 뜻을 세워 고향을 나서면
> 學不成名死不還 배움으로 명성을 얻지 못하면 죽어도 돌아오지 않으리

라 했다. 뒤에 생략한 두 구는 월성화상의 〈제벽시〉 뒷부분을 살짝 바꿔 패러디한 시다. 그러나 매헌은 조건이나 수식부를 과감히 생략하고 의지부만 밝혀 뜻을 강하게 피력했다. 시집을 다섯 권이나 묶어낸 시인으로서 시를 어떻게 이용하는 것이 효과적인가를 응용한 압축적 표현인 것이다.

그동안 윤봉길은 나라를 위해 목숨을 바친 의사로 인식되었기 때문에 그의 시도 독립운동과 연계된 작품 중심으로 소개되었다. 그 편향된 시각을 보완하여 자연인으로서의 윤봉길, 서정적 세계를 다룬 작품도 살펴봐야 한다.

4월 27일 거사를 앞두고 홍커우공원을 현장 답사한 후 동방여관에 머물고 있는 매헌에게 김구 선생이 찾아왔다. '최후를 앞두고 경력과 감상 등을 써 달라'고 하자 매헌은 즉석에서 〈자서약력〉과 '〈유촉시(遺囑詩)〉'를 써서 김구 선생에게 건넸다. 〈강보에 싸인 두 병정에게〉〈청년제군에게〉 2편과 유시(遺時) 〈27일 신공원에 답청하며〉〈백범 선생에게〉 2편이다.

〈유촉(遺囑)〉은 죽은 뒤의 일을 부탁한다는 뜻이니 일종의 유언시다. 일필휘지(一筆揮之)한 필체로 보아 짧은 시간에 막힘없이 쓴 것이 분명하다. 몇 곳 고친 흔적이 있으나 그의 필력과 문학성은 유감없이 나타났다.

그중 아직 강보에 쌓인 두 아들을 병정(兵丁)으로 호칭한 〈유촉시〉에는 매헌의 강고한 심정이 나타나 가슴이 섬뜩하다.

> 너희도 만일(萬一) 피가 있고 뼈가 있다면
> 반드시 조선(朝鮮)을 위(爲)하여 용감(勇敢)한 투사(鬪士)가 되어라.
> 태극(太極)의 기(旗)발을 높이 드날리고
> 나의 빈 무덤 앞에 찾아와 한 잔 술을 부어 놓아라.
> 그리고 너희들은 아비 없음을 슬퍼하지 말아라.
>
> 사랑하는 어머니가 있으니
> 어머니의 교육(敎育)으로 성공(成功)하여라.
> 동서양(東西洋) 역사상(歷史上) 보건대
> 동양(東洋)으로 문학가(文學家) 맹가(孟可)가 있고
> 서양(西洋)으로 불란서혁명가(佛蘭西革命家) 나폴레옹이 있고
> 미국(米國)의 발명가(發明家) 에디슨이 있다.
> 바라건대 너의 어머니는 그의 어머니가 되고
> 너희들은 그 사람이 되어라.
> 　　　　　　－〈강보(襁褓)에 싸인 두 병성(兵丁)에게〉 전문

시대적으로는 비분강개해야 할 상황이다. 그러나 슬픔이나 불투명한 미래에 대한 걱정은 없다. 오직 국가를 위한 투사가 되어 태극기를 드날리며 내 무덤을 찾아오라며 비장하게 당부했다. 태극기가 곧 조국의 광복을 의미하는 것이니 광복을 맞이한 후의 두 아들에게 아비 없음을 슬퍼하지 말라 했다. 나는 곧 광복을 위한 초석으로 나라에 목숨을 바쳤으니 너희는 자유롭게 찾아와 술을 부으라는 부탁이 숙연하다.

그래도 어린 아들을 투사가 되라면서 맹자, 에디슨, 나폴레옹 같은 위인이 되라니 아비로서 욕심을 드러낸 부분이다. 그러나 그 이면에는 확신

이 있다. 부인 배용순 여사가 그럴 만한 인물임을 밝힌 것이다. 1988년에 돌아가신 배용순 여사는 남편이 없는 시부모를 극진히 섬겨 1982년부터 '배용순 효부상'을 시상할 만큼 훌륭한 어머니이자 며느리였다.

더불어 남긴 시 중에 〈청년제군(靑年諸君)〉은 1806년 나폴레옹과의 전쟁에서 패한 프로이센이 위기에 처하자 철학자 피히테가 적군의 점령 하에 있는 베를린학사원 강당에서 독일 국민에게 행한 강연 이상의 힘이 있다. 두 아들에게 남긴 시도 피와 뼈를 강조했는데 청년들에게도 역시 피가 끓어야 함을 반복적으로 강조하여 힘이 실렸다. 정신무장과 적을 무찌르기 위한 훈련으로 철저히 준비하여 싸워야 한다는 독려의 시다.

    피 끓는 청년제군(靑年諸君)들은 아는가 모르는가.
    무궁화(無窮花) 삼천리 내 강산에
    왜놈이 왜 와서 왜 광분하는가.

    피 끓는 청년제군(靑年諸君)들은 모르는가.
    돼中人놈이 되와서 되가는데
    왜놈은 와서 왜 아니 가나.

    피 끓는 청년제군(靑年諸君)들은 잠자는가.
    동천(東天)에 서색(曙色)은 밝아오는데
    종용(從容)한 아침이나 광풍(狂風)이 일어날 듯

    피 끓는 청년제군(靑年諸君)들아 준비(準備)하세.
    군복(軍服) 입고 총 메고 칼 들면서
    군악(軍樂) 나팔(喇叭)에 발맞추어 행진(行進)하세.
                      - 〈청년제군(靑年諸君)〉 전문

※ 자연인으로서의 윤봉길

그동안 매헌을 문인(文人)보다는 무인(武人)의 이미지로 기억하는 것은 폭탄을 투척한 의사(義士)에 치중하여 민족적 감정으로 교육한 까닭이다. 그러나 다섯 권의 시집 중『명추(鳴椎)』에 실린 시만 읽어도 매헌의 인간적인 모습을 충분히 발견할 수 있다.

2012년에 '사단법인 매헌 윤봉길 기념 사업회'에서 발간한『매헌 윤봉길전집』(이하 전집)은 부록을 포함하여 총 9권으로 엮었는데 유촉시를 비롯하여 시집 5권에 실린 시작품을 낱낱이 소개했고 순운대편(殉韻大篇), 홀기(笏記), 일기, 편지, 농민독본, 농민계몽단체 조직, 유묵(遺墨) 등을 빠짐없이 수록했다. 그러다 보니 무려 49쪽에서부터 953쪽에 이르기까지 방대한 양이다.

『전집』제1권은 시문과 농민운동 부분인데『명추(鳴椎)』에 수록된 시에도 친구, 주변의 자연, 사계절의 변화에 느끼는 감상, 연말연시를 맞는 세월의 소회 등 따뜻한 인간적 교유가 나타난다.

夕陽烟起洞中天　석양연기 나는 동중천
洞中天下細柳川　동중천 아래 세류천
細柳川上垂楊柳　세류천 위에 버들가지 늘어졌는데
垂楊柳攢夕陽烟　늘어진 버들에 석양연기 엉겼네
石燈穿林難上天　석등은 숲을 뚫고 하늘로 오르기 어려워라
遙望無際帶流川　끊임없이 흐르는 물줄기 멀리 바라보네
爲賞名區詩以增　명승구 완상하여 시 지어 보태니
詩可自飽拾風煙　시로 절로 배불러 바람 안개 거두어들인 듯
　－〈增修德山七絶二首 수덕산에 대해 칠언절구 두 수를 더하며〉 전문

위 시는 칠언율시의 형식으로 전개했으나 제목이나 형식으로 보면 분명히 칠언절구로 된 두 편이다. 일단 절구로 설명하면 기승전결의 4행이 동중천(洞中天) 세류천(細柳川) 수양류(垂楊柳) 석양연(夕陽烟)으로 이어져 있다. 4행의 끝구 3자 석양연(夕陽烟)이 1행의 첫머리에 놓이고, 1연의 끝구 3자 동중천(洞中天)이 2행의 첫머리에 놓인다. 3연과 4연 마찬가지로 말잇기의 수법으로 시를 전개했다. 15세에 장원했던 작품 〈학행(學行)〉과 같은 기법을 사용한 옥련환(玉連還)의 잡체시로 후반부 시와는 성격이 완전히 다르다. 그러나 내용적으로는 선경후정(先景後情)의 기법을 적용했다. 즉 전반부에서는 수덕사 주변의 경치를 노래했고 후반부에서는 거기에서 느끼는 정감을 노래했다. 그래서 두 편으로 분리하지 않고 한 편의 율시로 묶었다.

후반부의 시에는 매헌의 재치와 위트가 잘 나타나 있다. 아름다운 구역을 바라보며 시를 지으니 배가 불러 바람과 안개를 거두어들였다는 여유다. 시 한 편에 배부를 수 있는 정감이 있기에 안개도 아깝지 않은 것이다. 전반부의 경치를 통해 세상만사가 행복해질 수 있는 경지에 이르는 것이 시인의 특권이자 권리다. 더불어 나타나는 시적 기교는 명구시(名區詩)라는 구절에 있다. 이는 경치가 아름다운 구역을 보고 쓴 시를 의미하지만 결국 자기가 쓴 시, 배부를 수 있는 느낌이 드는 시는 명구시(名區詩)라는 것을 간접적으로 표명한 것이다. 중의적 기법으로 자신의 시에 만족하고 있는 것이다. 이를 율시로 보면 두련(頭聯), 함련(頷聯), 경련(頸聯), 미련(尾聯)으로 분리해야겠지만 매헌의 시심을 통해 인간적인 면모를 탐색하는 데는 어떻게 보든 충분하다.

水麗山明石又重 물 맑고 산 밝은데 바위 또한 중후하여

騷人墨客日相從　시인과 묵객들이 날마다 찾아드네
心不流塵心靜逸　마음에 먼지 일지 않으니 심사가 고요하고
口無短語口唯封　짤막한 말도 없으니 입을 봉하네
閑情自若常同竹　한가로운 정 태연하여 언제나 대나무 같고
淸越盤桓又撫松　맑은 정취로 배회하며 또 소나무 어루만진다
詩餘兼無生涯事　시 짓고 나면 생계꾸리는 일에도 힘써
使孥掃庭我尙春　처자식 마당 쓸게 하고 나는 아방아 찧네
　　　　　　　　－〈한가로움, 부한(賦閒)〉 전문

위 시를 읽고 있으면 선비의 한가한 생활이 그려진다. 마지막 미련(尾聯)에서 보이는 한가한 집안의 풍경은 문약에 빠진 선비의 삶을 훈계하는 간접적 의미가 담겨 있다. 시만 쓰는 것이 아니라 가정의 살림도 꾸려야 하는 눈앞의 삶을 지적한 것이다. 이 시에는 독립운동에 앞장선 의사(義士)로서의 강직한 느낌보다는 가정적인 자상함과 인간적인 친화감이 느껴진다.

매헌의 진면목은 〈신공원(新公園)에서 답청(踏靑)하며〉에서 찾을 수 있다.

　二十七日
萋萋한 芳草여 － 무성한 봄풀들이여
明年에 春色이 일으서든 － 내년에도 봄기운 돌아오거든
王孫으로 더부러 갓치오게 － 왕손과 더불어 같이 오게나

靑靑한 芳草여 － 푸르른 봄풀들이여
明年에 春色이 일으거든 － 내년에도 봄기운 돌아오거든
高麗江山에도 단녀가오 － 고려 강산에도 다녀가오

多情한 芳草여 – 다정한 봄풀들이여
今年 四月 二十九日에 – 금년 4월 29일에
放砲一聲으로 盟誓하세 – 방포일성으로 맹세하세
　　　　– 〈신공원(新公園)에서 답청(踏靑)하며〉 전문

위 시는 매헌이 4월 29일의 거사를 이틀 앞둔 4월 27일에 홍커우 공원을 현장답사하고 나서 쓴 시다. 죽음을 앞두었으니 풀 한 포기가 얼마나 새롭게 보일 것인가. 발밑에 밟히는 풀들은 밟혀도 다시 일어나는 강인한 생명력을 지녔다. 그것은 고통 받는 우리 민족의 상징이자 풀처럼 강인하게 다시 일어서기를 바라는 심정을 담아냈다. 1연의 '무성한 봄풀'이 2연에서는 '푸르른 봄풀'로 바뀌고 3연에서는 '다정한 봄풀'로 바뀐다. 한 걸음 한 걸음 내디딜 때마다 밟히는 풀의 촉감은 다정한 동포일 수도 있다. 그것은 왕손으로 고려 강산에 와야 할 대상이며 4월 29일에 함께 할 민족의 힘이라는 것을 깊게 실감하고 쓴 것이다. 함께 하는 데서 오는 위로감이다. 서정시로서 정감이 있고 반복적 기법으로 정감을 고조시켜 독자를 시의 세계로 끌어들이는 마력이 있다.

＊ 부모 자식보다 큰 사랑을 위하여

매헌은 1930년 3월 6일 고향을 떠난 후 1932년 4월 29일 의거 직전까지 6번의 편지를 썼다. 그중 어머니에게 보낸 편지가 세 통이다. 아들과 동생에게도 편지를 보냈는데 편지에는 망명의 이동 경로와 망명의 동기, 상해 사변 전후의 상황이 기록되어 있어 매헌 연구에 없어서는 안 될 귀중한 자료다. 1930년 3월 20일에 평북 정주에서 보낸 첫 번째 편지는 〈자식 사랑하시는 어머니에게〉 1930년 10월 18일에 중국 칭타오(淸島)에서 보낸 두 번째 편지는 〈사랑하시는 어머니에게 올림〉 1931년 1월 31일에 보낸 편지에는 〈어머님 전상서〉로 시작하여 상해사변의 소식을 전했다. 특히 두 번째 편지에 쓴 내용이 가관이다. 차마 어머니에게 할 수 없는 말을 쓴 것이다. 세상을 사는 이유를 전제하여 나라를 위해 큰일을 해야 하니 어머니보다 자식보다 더 나라 사랑하는 길을 택했다는 것이다.

"사람은 왜 사느냐? 이상(理想)을 이루기 위(爲)하여 산다. 理想은 무엇이냐. 目的의 成功者이다. 보라! 풀은 꽃을 피우고 나무는 열매를 맺는다. 만물주(萬物主)가 되는 나도 理想의 꽃을 피고, 目的의 열매가 맺기를 自信하였다. 그리고 우리 청년시대(靑年時代)에는 父母의 사랑보다, 兄弟의 사랑보다, 처자(妻子)의 사랑보다도 一層 더 강의(剛毅)한 사랑이 있는 것을 각오(覺悟)하였다. 나의 우로(雨露)와 나의 江山과 나의 父母를 버리고도 이 길을 떠나간다는 決心이었다."

시에 나타난 서정적 감상과는 사뭇 다른 글이다. 나라를 위한 헌신의 단계를 어머니에게 설명해드려야 하니 강직한 언어도 불사했으리라. 매헌의 문학에서 산문과 운문의 차이는 여기에서 분명히 구분된다. 상대방을 설명하기 위한 문장은 한순간의 감동과 서정을 표현하는 운문으로는 부족한 점이 있다. 연인에게 사랑을 고백하는 문장이라면 시가 더 효과적일 수도 있으나 부모와 자식 간의 사랑을 설명하기 위해서는 편지글이나 일기와 같은 산문이 더 어울린다.

삼일운동과 임시정부수립 백 주년을 지난 시점에서 매헌의 시는 문인은 물론 많은 이들이 읽어야 한다. 그동안 간과했던 독립 운동가들의 애국정신을 오늘에 되살려내야 할 필요가 있기 때문이다. 문학의 순수성을 추구하는 경향 때문에 그랬다면 핑계다. 문학의 상징인 서정성을 지키기 위해 그랬다면 변명이다. 한자로 쓴 시가 많아서 쉽게 접하기가 어려워서 그랬다면 태만이다. 서점에서 독립운동가의 시집을 구할 수 없는 어려움도 우리 스스로가 문학의 지평을 넓히지 않은 까닭이다. 그래서 독립 운동가들의 문학은 문인들에게 외면당한 채 학자들의 연구논문 대상으로 맴돈다.

윤봉길은 독립운동을 위해 이름도 바꾸지 않았던가. 본명 '우의(禹儀)'를 '봉길(奉吉)'로 바꾼 것은 첩보원들이 본명을 숨기는 것과 같은 이치다. 편지글에 우의가 아니라 봉길이라고 밝힌 것은 길(吉)한 일을 받들겠다[奉]는 의미이니 그 뜻도 거룩하다. 이제는 문인들이 독립 운동가들의 처절한 심정을 담아낸 문학을 통해 그들의 숭고한 정신을 현창하는 데 앞장서기를 제언한다. 한시(漢詩)라도 조금만 노력을 기울이면 이해할 수 있고 번역본도 구해 읽을 수 있다. 더구나 한글로 쓴 시도 있고 쉽게 읽을 수 있는 소논문도 많다. 뜻만 있으면 접근도 얼마든지 가능하다. 임시정부 백 주년 기념행사와 같은 일회성의 열기가 아닌 끊임없는 연구로 이어지기를 기대한다.

〈 참고문헌 〉
* 『매헌윤봉길전집』 2012년 사) 매헌윤봉길기념사업회
* 『매헌 윤봉길 의사의 문학사상과 독립정신』 2018년 사) 매헌윤봉길기념사업회
  – 「매헌 윤봉길의 수학정신과 사상적 배경」 김상기 충남대 교수
  – 「윤봉길 의사 자작시의 민족사상」 허경진 연세대 교수
  – 「윤봉길 의사의 산문에 대하여」 심경호 고려대 교수
* 「윤봉길의 현실 인식과 청년운동 사상의 위치」 2002년 한국민족운동사학회
* 사) 매헌윤봉길기념사업회 홈페이지
* 한시는 『매헌윤봉길전집』의 번역을 차용하였음

회원_시

권 순 자

- 서울양천문인협회 회장 역임
- 1986년《포항문학》, 2003년《심상》등단
- 시집 :『바다로 간 사내』,『우목횟집』,『검은 늪』,『낭만적인 악수』,
  『붉은 꽃에 대한 명상』,『순례자』,『천개의 눈물』(한영일 대역),
  『청춘 고래』,『소년과 뱀과 소녀를』9권
- 시선집 :『애인이 기다리는 저녁』,
- 영역시집 :『Mother's Dawn』(『검은 늪』영역),
  『A Thousand Tears』(『천개의 눈물』영역),『천개의 눈물』(한중대역)
- 수필집 :『사랑해요 고등어 씨』등

거품을 팝니다 외 4편

이 거품은 당신 눈을 찌르지 않습니다
헤매는 당신의 맘을 잡아줍니다

이것은 매우 좋은 제품입니다
향기가 기가 막히죠
거품으로 씻으면 몸이 개운해져요
층층이 땀구멍에 숨은 먼지를 씻어내죠

불안이 스며들면 거품이 찾아내서 씻겨줍니다
거품이 이는 동안 숨겨진 걱정도 딸려 나오죠

거품의 힘이 보기보다 세거든요
악몽을 꾼다구요?
이 거품으로 목욕을 해보세요
꿈자리도 보송보송해질 거예요

거품은 어둠 속에서도 부풀죠
당신이 외로움에 젖으면 거품이 일어
외로움이 뭉개질 거예요

거품은 반짝이는 기억처럼
몽글몽글 자라는 성질이 있거든요

슬플 때 거품으로 얼굴을 헹구세요
잊었던 따스한 일들이 방울방울 떠오를 거예요

꿈으로 찰랑이던 어린 시절이 줄달음치며
당신 앞에 다가와 웃을 거예요

까칠하던 마음이 상쾌해질 겁니다
거품처럼 당신도 사랑스러워질 거예요
믿어보세요.
진짜 좋은 거품이라니까요

스피커

소리들이 떠다닌다
불면의
목청이 높아지고
소리의 뿌리들이 사방으로 뻗는다

소리를 붙잡고
내력을 캐다 보면
휘파람새 동박새 지저귀는 소리
싱그럽다가
눈물과 망설임과 부아 사이로 흐르는
도랑물로 흙탕이 섞여
뿌옇게 넘실거린다

잃어버린 것들이 아프게 달라붙고
왜곡되고 흔들리고
허물어지는 목소리

소리는 힘이 세어서 여전히
담을 헤집고
벽을 긁으며 빠져나가려고

허우적거리느라
소란하다

불면의 오로라가
붉게 요동친다

안녕 내 사랑

영원할 것만 같던 당신과의 시간이
이토록 찰나적인 줄은 예전에 몰랐어요

봄날은 다시 오고
벚꽃들이 화들짝 피어
변함없은 봄인데
당신은 내 곁에 없어요

천상천하 둘만의 웃음과 노래가
시냇물처럼 청량하게 흘렀는데
즐거움은 이제 환상으로 남았어요

이제 환상 속을 걸어요
꽃무덤 사이로 당신과 걸어요
라일락꽃이 하얗게 웃고
붉은 모란이 고개를 들고 순수한 시절을 증거하네요

낮게 피어도 여리고 단단한 제비꽃
작은 잎에 벌레를 키우고 내쫓지 않네요
영혼을 배달하는 봄바람이 당신을 가까이로 데려오네요

확실한 것이 없다면
불확실한 것도 없겠지요
천상과 천하가 나뉠 수 없다면
당신은 어디에도 있겠네요

아무 말 하지 않아도 말이 이어지듯
그리도 이어진 인연이 구름처럼 흩어지듯
변화가 와도
당신은 언제나 내 사랑이죠

자유로운 당신과 자유롭지 못한 나
당신이 방문하기 좋은 봄꽃나무로 두고두고
당신 꽃 피울래요
이것은 사랑이라는 교환이죠

소라 가옥

소라껍데기 주렁주렁
수천 개 집을 지었다네

소라의 집을 찾아드는 쭈꾸미
아름다운 빈집을 누가 마다하리

지옥으로 가는 길인 줄 모르고
시커먼 길로 미끄러져 들어가는 용감한
의심 없이 몸을 디미는 선량한 몸짓 보소

파도도 묵인하는 상한 길
참담한 눈빛이 소라 저 깊은 가슴 속에 흔들리고 있을까
삶의 무게가 중력만큼이나 끈적하다

혼자 살 집을 구하느라 이리저리 헤매다가
고독한 생의 모퉁이에서 잠시 한눈팔다가
아름다운 빈집 하나 발견하고는
냄새 맡고 재빨리 입주하네

돌아나갈 길 없는 일방통행로,

소라의 집 입주
집을 점거하는 순간
치사량의 행복이 소라 가옥에 맴도네

가눌 길 없는 무거운 손아귀
쭈꾸미의 발이 묶여 끝내 무덤이 될
아름다운 집

몽산포에는 쭈꾸미의 블랙홀
소라 가옥이 있다네

겹벚꽃 시절

한 시절 보려고
갔더니
언덕에는 흰 벚꽃 간데없고
뜰에는 가지마다
겹벚꽃 총총했네

네 환한 시절이
봄꽃보다 밝아져서
꽃 아래 분홍빛 볼우물
웃음 피고 있었네

때를 못 맞추는 건
꽃만은 아니라네

너무 이른 따뜻한 날씨
너무 이른 꽃들의 도착

너무 빨리 와버린 시간
나는 여전히 봄으로 달려가고 있는데
아직도 추운 기억이 피부를 더듬고.

회원_민조시

김 진 중

- 사) 한국문협 제25대 27대 민조시분과 회장
- 한국민조시협 · 서대문문협 회장
- 사) 한국통일문협 감사(역). 국제펜한국본부 · 사) 한국현대시협 · 농민문학회 이사
- 자유문학회 명예회장. 불교문학회 회장
- 《자유문학》,《한맥문학》 편집위원.《민조시학》 주간
- 저서 : 민조시집 『사존시편』 등 7권
- 독립운동가 추모헌시집 : 『누가 순국을 보았는가』
- 漢·韓 번역시집 : 『김삿갓 민조시』
- 동인시집 : 『한단시 · 4』,『천산의 꽃춤』 등 10여 권
- 수상 : 자유문학상(제9회), 민조시학상(제1회), 불교문학상(제17회), 한국농민문학상(제27회), 2022서대문문학상, 제6회 한국민조시협상, 제17회 한국문학백년상, 제8회 종로문학상 대상 외 다수.

無爲自然 · 1   외 4편

꽃가람
달빛 안고
태몽을 꾸어
아침해 낳고요.

푸른 뫼
별빛 이고
온 숨결 품어
꽃잠을 재우네.

— 2017. 11. 30.

無爲自然 · 2

청하늘
바다에는
붉은 해 따라
해바라기 돌고.

이승의
꽃밭에는
달무리 따라
달맞이꽃 돌고.

　　- 2018. 9. 23.

無爲自然 · 3

오시나
안 오시나
북두하늘엔
별빛강 흐르고.

보시나
안 보시나
천년 강산엔
꽃꿈이 피나니.

無爲自然 · 4
– 꿈밖꿈

또랑물
냇여울물
흐르고 흘러
한 바다 파돗결.

빗방울
눈물 넘쳐
빗사리 하늘
무지개 다릿결.

無爲自然 · 5
― 분꽃

초저녁
골목가에
분꽃이 피네,
서울간 오빠야.

올해도
작년처럼
분꽃이 피네
시집간 언니야.

회원_소설

김 유 조

- 서울서초문인협회 회장 역임
- 국제PEN한국본부 부이사장, 건국대 명예교수, 코리안드림 문학회장, 미국소설학회 회장 역임
- 건국대 명예교수(부총장 역임)
- 미국소설학회, 헤밍웨이학회, 경맥문학회 역임, 문학의식 공동대표, 여행문화 주간,
- 학술원우수도서상, 헤밍웨이문학상, 문학마을문학대상, 서초문학상, 김태길수필문학상 등 수상
- 장편 : 빈포사람들
- 소설집 :『세종대왕밀릉』등 다수
- 시집 :『어행자의 잔언』등
- 수필집 :『열두달 풍경』외
- 평론집 : 번역서, 학술저서 다수

■ 단편 소설

파파라치

초등학교 동기회에 늦게서야 얼굴을 들이민 친구 이창식이 블라디보스토크에서 흘러 들어온 노랑머리 백인 여자, '옥사나'와 결혼을 한다는 청첩장을 돌렸을 때에는 처음 모두들 투덜거렸다. 늦게 나타난 녀석이 늦은 혼인을 빙자하여 동기들 돈이나 뜯는다는 이유였다.
"혼인 빙자 강도짓이야!" 누군가가 소리까지 질렀다.
그래도 노랑머리의 신기한 모양을 보러 결혼식장에 다녀 온 동기들이 몇 있었는데 그들의 의견은 임진왜란 두해 전의 조선 통신사들처럼 반반으로 갈렸다.
어떤 친구들은 서양 여자가 헤퍼 보인다고 하였고 또 다른 동기들은 노랑머리 아가씨가 야무지고 살림꾼 같이 보인다고 하였다.
어느 쪽이 맞는지 쉽게 판별이 나지 않은 상태에서 그 일은 동기들의 뇌리에서 차츰 잊히게 되었다.

대략 예상했던 대로 그는 결혼식 이후에 입을 싹 씻고 연락을 끊어버려서 그 노랑머리 신부에 대하여 더 이상 무슨 평가가 나올 건덕지도 없었고 그렇다고 결혼식에 가보지 않은 대부분의 동기들도 무어라 그의 처사를 탓할 처지가 아니었다. 얌체 짓을 한 그는 물론이고 옥사나인가 뭔가 하는 노랑머리 부인도 욕사발을 함께 먹었으나 얼마 지나지 않자 모두 흐지부지되었다.

그런데 반년이 조금 지났을까, 그가 다시 동창모임에 나타나서 신세타령과 함께 도움을 요청하였다. 신혼의 단꿈이 채 가시지도 않았는데 그러시아 여자, 옥사나가 도망을 가버렸으니 시간 있는 백수 동기들이 나서서 '그년'을 좀 찾아달라는 하소연이었다. 남의 불행이 나의 행복이라고 했던가, 동기회에 마침내 활력이 솟았다.

사실 최근에는 초등학교 동기회도 옛날 같지가 않았다. 아무래도 돈께나 만지던 동기들 중의 한사람이 타계를 했고 또 한사람은 식물인간처럼 누워있고 총무도 풍을 맞아 오래 고생하더니 역시 저 세상으로 떠나버렸다. 마땅한 사람이 없으니 인심도 사나워지고 그러다보니 어떤 조직이라도 기름이 돌아야 하는데 모임이 제대로 될 수가 없었다.

물론 돈이 전부가 아니고 모두 동기회원들의 관심과 성의문제라고 혀를 차고 다니는 친구들도 있었지만 그들도 막상 분위기를 살리는 일을 하라면 쑥 들어가 버린다. 모두 기름, 아니 돈이 들기 때문이다. 돈이 아니고 몸으로 때우더라도 그런 역할을 할 헌신적 리더라도 있으면 좋으련만 한 줌의 재가 되어 청산으로 사라진 총무 이후에는 아무도 나타나지를 않았다.

"이러다가는 1년에 한번 있는 망년회도 사라지겠다."

그런 위기감이 동기들 사이에 팽배하였다. 더구나 고향으로 내려가서 법무사하는 친구와 그와 눈이 맞아서 뒷말을 만들어 동기들의 입을 즐겁게 해주던 여자동기의 관계조차 소원해 지고부터는 경향을 묶어줄 끈도 끊어졌다.

뿐만 아니라 고향에서도 돈푼께나 만지던 철만이가 실종과 자살이라는 끔찍한 사단을 빚어냈으니 동기들끼리 만나는 일이 있어도 공연히 슬픈 척, 노상 인상만 쓰게 되며 기쁜 일이 혹시 있어도 내색을 할 수가 없게 되었다.

이창식이 나타난 것은 그런 시점에서였다. 그동안 통 소식도 없이 동기회의 울타리 밖으로만 돌던 그가 그 무료하고 썰렁한 동기회의 네트워크에 몸을 담은 것이 바로 그런 미묘한 시기였다는 말이다. 간접적으로는 항상 연락선 상에 있었던 그가 동기회 사무실 같은 '삼각지 건강 휴식 이용원'에 나타난 날은 마침 어떤 토요일 오후, 동향의 친구들이 몇 명 놀러 나와 있던 시간이었다.

이제는 미군들도 평택으로 다 빠졌고 주말에 이용원에 나와서 안마를 받아가며 아가씨들과 노닥거릴 세태는 아니어서 사람들의 발걸음은 뜸하였으므로 한때 돈방석 노릇을 한 이용원 밀실은 이제 동기들의 고스톱 장이 되고 있었다.

"놀랠 놋자네. 창식이가 이게 웬일이야? 해가 서쪽에서 뜨겠네."

친구들이 소리를 질렀다.

"내가 장개를 간다면 더 놀랄걸?"

그가 적당히 사투리를 섞어서 응수하였다. 아무래도 우리는 같은 고향의 패거리라는 의식을 사투리로 녹여 넣자는 수작 같았다.

"재차 놀랬네. 해가 다시 동쪽에서 뜨겠다!"

또다시 탄성이 나왔다.

이제 자식들을 결혼시킬 나이에 접어들면서 동기들은 최근 한동안 결혼이라는 말을 화두로 삼아서 이런저런 이야기들을 화제의 중심으로 해 온 터였다. 그럴 때마다 끝에 가서는 또 이창식이라는 이름이 자주 도마 위에 올랐었다. 자식 세대가 벌써 짝을 맞추는 나이에 늙어가는 동기생

중의 하나는 아직도 자신을 건사하지 못하여 장가도 들지 못하였다는 사실을 동정어린 어조로 걱정들을 해대는 것이었다. 말하자면 자신들은 그래도 아슬아슬하게 서울 생활을 시작하여 이제는 자식들의 결혼까지를 생각하는 인생을 살아왔다는 안도감 같은 것을 바닥에 깔고 그의 이야기에 집착하는 분위기였다.

그런가하면 가끔 그가 쭉쭉빵빵 술집 아가씨들을 데리고 나타나서 잠시 잠깐씩 살림을 산다는 자랑까지 그럴싸하게 풍을 섞어 부풀려 올려서 그러지 못하는 동기들이 한풀이 엇비슷하게 술안주 감으로 씹기도 일수였다.

"요새는 뭐 하고, 아니 뭐 묵고 사노?"
건강 이용원 사장이 물었다.
"밥 묵고 산다, 왜?"
그가 또 사투리를 적당히 섞어서 큰 목소리로 답을 하였다.
"이 자슥이 오랜만에 나와서도 건방지네. 밥은 뭐해서 얻어먹나 말이다. 빌어먹나?"
왕년에 주먹을 좀 썼던 춘보가 말했다.
그는 고향에서 자랄 때는 떡보라는 별명으로 힘이 세더니 어른이 되어서는 노가다 십장노릇을 하고 있었다. 세살버릇 여든까지의 실제적 예가 되는 인물인데 요새는 일감이 많이 줄어서 이용원에 나와 노는 날이 많았다.
"나야 전부터 남대문 시장의 나까마 아이가. 지금은 주로 메가네, 그러니까 안경을 취급해."
그가 움찔하더니 목소리를 낮추며 정확한 답을 찾아서 진지하게 답을 한다는 투로 춘보의 말을 정중하게 받았다.
"메가네 나까마 하다가 요새는 아예 안경점도 하나 차렸어."
그가 말을 이어 조금 더 정확한 근황을 설명했다.
"안경점? 그런데 왜 그렇게 발걸음이 없었노?"
춘보도 조금 언성을 낮추어 친절한 말투로 물어보았다.
"메가네 장사라는 게 바빠."
그는 소위 메가네 나까마라고 안경테를 생산 공장에서 외상으로 사다가 남대문 시장 내의 안경점에 넘기는 일을 하고 있다는데, 공장이나 안경점이나 모두 세금을 포탈하도록 하는 무슨 그런 잇점을 중계해주는 역할을 한다는 것이었다.
더욱이 요즈음은 일본 관광객들이 많이 와서 선글라스를 주로 다루는 안경점을 아예 하나 냈다고 하였는데 사실 여부는 미지수였다. 어쨌든 그는 한동안 자신의 안경 장사를 과시하며 허풍도 많이 떨더니 요즈음은 중국 짝퉁 때문에 재미가 많이 줄었다고 엄살도 슬슬 피웠다.
주로 지방 공단에서 로열티 내고 생산되는 명품 안경을 세금을 뚝 떼고 남대문 시장의 일본 관광객 상대 안경점에 넘겨주는 중간 거간꾼, 속칭 나까마 장사가 예전 같지는 않다는 엄살 같은 말은 그에게 점심이라도 사라고 하는 동기생들의 성화 때문인지도 모를 일이었다.

"임마, 지방 공장은 무슨 공장이야. 네가 중국에서 밀수와 보따리장수로 짝퉁을 들여오다가 걸렸다는 소식도 내가 알고 있어!"
춘보가 으름장을 놓았다.
"에이, 그게 언제 적 이야기인데. 지금은 가게를 내서 그런 짓 못해."
"임마, 그 가게 낼 때 너 죽은 동기 춘희한테서 돈 빌려 썼고 갚지도 않

았다면서?'
또 춘보였다.
"자꾸 억울한 소리하지 마. 원금은 다 갚았어."
"하하하, 네가 춘보한테 다 넘어갔구나. 우리가 네 소식을 어떻게 알아, 이놈아!"
강형이라고 부동산 경매하는 친구가 거들었다. 그는 서울 지방 법원, 중부 지원에서 하는 경매만 전문인데 정한 날짜만 주로 일을 하고 노는 날이나 경매 물건의 현장 답사를 다녀와서는 이곳 건강이용원에 꼭 들렀다. 안마를 기차게 잘하는 중년의 면도사와 눈이 맞았다는 말도 떠돌았으나 지금은 다 옛날이야기이고 주로 고스톱을 치며 놀다가 가곤 하였다.
"너무들 하네. 친구 좋은 게 뭐야. 동기회 소문 듣고 왔는데 너무 박절하네."
창식이가 말하였다.
"임마, 니가 그 동안 연회비도 한 푼 안내고 지내다가 장개 간다고 혼인 빙자로 돈을 뜯으러 왔으니까 그렇지."
다시 춘보였다.
"아니 내 결혼식장에 축하하러 와서 자리 좀 채웠다가 식사와 소주한 잔 하라는 건데, 밥값만 해도 축의금이야 못 건지겠냐……."
그가 진실로 좀 억울하다는 표정을 지으며 부스스 봉투에 든 청첩장을 몇 장 꺼냈다. 청첩장에는 신랑 '이창식'과 함께 '이옥선'이라는 이름으로 신부를 밝혔으니 처음에는 아무도 그녀가 '옥사나'라는 이름의 러시아 여자인 줄을 몰랐다.
청첩장의 형식도 기이하달까, 규격 미달이었다.
앞뒤 거두절미하고 '이창식'과 '이옥선'이 결혼을 하오니 많이 와달라는 식이었다.
"야, 느그들 동성동본 아이가?"
누가 소리를 질렀다.
"헤헤이, 노랑머리 백인 가시나다. 키도 늘씬하고 몸매 좋고 그렇다."
"어? 미국 여자가?"
고스톱에 전념하던 친구들의 눈이 왕창 그에게 쏠렸다.
"헤헤이, 미국 백인 여자가 내한테 오것나. 쏘련, 아니 러시아 여자다."
이창식이 양 손은 연신 부비면서도 목에 힘을 주고서 말을 받았다.
"아, 그 뭐더라. 중앙아시아……."
누가 유식한 체 말을 꺼내는데 춘보가 얼른 끼어들었다.
"아, 브라지보스토크구나. 내가 한번 놀아본 여자가 거기 출신이야."
"뻥이 쎄네!"
누가 그를 놀렸다.
"임마, 내가 을지로 오가에서도 놀고 워커힐 아래 술집 동네에서도 놀아봤어. 걔들 냄새가 많이 나. 피부도 거칠고……. 영어도 못하고 우리말도 못해. 그저 몸으로 대시하는 거야, 우하하하."
"우와!"
역시 강한 자에게 바치는 대중의 공물은 존경밖에 없었다.
그는 좌중을 압도하였다. 그러자 건강 이용원의 원장이 나섰다.
"피부야 흑인 여자지. 여기 흑인 GI 여군들도 있지만 요새는 군기가 엄해져서 힘들어졌고 문관으로 나온 애들이나 혹은 잠시 관광차 온 애들이 주로 돈 좀 벌려고 놀고 있지……."
역시 이용원 터주 대감의 묵직한 말이 이번에는 춘보를 눌렀다.
누가 삼각지 이용원 원장을 이 바닥에서 이길 것인가. 그 틈에 창식이가 말을 이어갈 기회를 잡았다.
"브라지보스토크가 아니야. 블라디보스토크야. 동방의 빛인가 정복자라던가 뭐 그런 뜻이라데. 그런데 우리 마누라는 거기 출신이 아니고 하바로프스크에서 왔어.'
"어, 너 많이 아네."
춘보의 목소리가 약간 비틀거렸다.
"우리 마누라 될 옥사나한테서 들은 풍월이지 뭐. 옥사나는 하바로프스크에서 대학도 나왔어. 그래서 우리말도 금방 다 배우고 우리 사이에는 지금 우리말로 의사가 통한단 말이야. 놀랬지?'
최후의 승리자는 결국 이창식이었다.
특히 대학을 나왔다는 말에 그 근처에도 못가 본 시골 어촌 출신들이 입을 다물고 말았다. 이창식이도 어디인지는 몰라도 대학을 나와서 무슨 기술사 자격증인가를 갖고 있다고 뻐긴 바 있었는데 그걸 누가 조사하고 확인을 할 수 있으랴.
그는 어엿한 대학 물 먹은 사나이로 이미 군림하고 있었고 이제는 드디어 부부가 모두 대학을 나온 격조 높은 커플로 자리매김을 하려는 엄숙한 순간이 도래한 셈이었다.
그렇게 가약을 맺은 부부였는데 그 하바로프스크 출신의 옥사나인지 이옥선인지 하는 노랑머리 아가씨가 도망을 갔다는 것이었다.
"야들아, 내 마누라 좀 찾아줘."
그는 앞뒤 차릴 것도 없이 뜬금없이 죽는 소리를 부르짖었다.
"어? 무슨 마누라야?"
머리가 좀 둔한 춘보가 네가 언제 장가나 갔더냐는 식으로 놀라 물었다.
"아, 내 마누라 옥선이 말이야."

"옥선이가 뭐고?"
"옥사나 말이야, 이놈아. 이 무정한 놈아!"
"아, 그 노랑머리 가시나 말이구나."
"아무리 그래도 친구 마누라한테 가시나가 뭐냐."
"도망간 년인데 가시나면 어떻노!"
이야기는 이런 식으로 흘러갔다.
"얼마나 되었노?"
"한 6개월 살다가 도망을 갔어."
"돈도 훔쳐갔나?"
"착한 년이 그런 짓은 안했는데 내가 사준 패물은 다 갖고 갔어. 지 이름으로 된 통장에 또 돈이 좀 있었고……."
"그럼 먹튀한거네 뭐. 먹고 튀는 거 말이야."
춘보가 의기양양하게 전말의 성격을 규명하였다.
"누구하고 눈이 맞았나? 같은 노랑머리든가……."
"그런 기미는 없었어. 이 자슥아!"
이창식이 벌컥 화를 내는 기색이더니 이내 소리를 줄여서 "휴대폰은 자주 울렸지만."이라고 힘없이 매듭을 지어 대답을 했다.
"임마, 그게 그거네 뭐. 러시아 말로 했을 거 아냐?"
이용원 원장이 분석을 날카롭게 하였다.
"그럴 때마다 훌쩍이고 울어서 남녀 관계는 아닌 거 같았는데……."
"이런 맹추, 남녀 관계가 아니면 와 우노?"
누가 잘난듯이 끼어들었다.
"지금 그런 이야기할게 아니고 우리가 한번 찾아보자. 우선 사진을 만들어서 한 장 씩 갖고 놀토와 일요일에 좀 돌아다녀보자. 이런 애들이 가는 데가 뻔하거든. 식당은 조선족 차지이고 벽지 바르는 데는 조선족이나 베트남 애들, 조립공장에는 인도네시아나 인도, 몽골, 방글라데시 아이들이고 노동판에는 티벳이나 미얀마와 우즈베키스탄 아이들이야. 밤무대에서 노래하는 애들은 필리핀에서 왔는데 그룹을 만들어서 놀거든. 그러니까 노랑머리 가시나들이 가는 데라면 술집과 밤무대에서 벌거벗고 춤추는 것 말고는 없어."

"설마?"

원장의 날카로운 분석에 이창식이 낭패한 얼굴로 이의를 달았다.

"설마라고? 노랑머리라면 사죽을 못 쓰는 게 우리나라 한량들이잖아. 더구나 옥선인가 하는 네 마누라는 몸매도 좋다면서? 니가 맨 날 자랑했잖아?"

마침내 뜻이 통하여 초등학교 동기들은 남녀 불문하고 옥사나라는 백인 여성을 추적하는 큰일에 나서게 되었다.

현상금도 백만 원이 걸렸다.

이창식이 얼굴이 노래져서 동기회 기금에 거금을 공탁한 결과였다.

더구나 이 일이 커진 것은 여자 동기들 중의 일부가 벌써부터 파파라치 사업을 해오고 있어서 더욱 활기를 띄었다.

"야, 파파라치가 머꼬?"

춘보의 말이었다.

"아이구 빙신아, 교통위반이나 업소 위반을 사진 찍어서 제출하면 보상금이 얼만데. 한 달에 오백도 번다 카드라."

늦게 서울에 올라온 여자 동기, 영옥이가 말하였다.

신랑이 중국으로 사업하러 갔다가 소식이 끊어져서 고향마을을 떠나

늘그막에 서울에 온 동기였다.
"너 파리똥인지 뭐지로 돈 많이 벌었나?"
춘보가 윽박질렀다.
"아니, 뭐……!"
영옥이 얼굴이 벌개졌다.
"파리똥 하다가 협박당했나? 어느 동네고? 말해 봐라. 내가 해결사아이가."
"아니야."
그녀의 말을 들어보니 파파라치가 돈이 된다는 소문에 그걸 가르치는 학원에 등록을 했다가 카메라와 도청장치 사느라고 바가지만 썼고 학원비로도 얼마를 뜯겼다는 것이었다.
"그래, 성과는?"
"뭐 남녀가 불륜하러 MT 들어가는 장면 잡고 원거리 녹음 장치로 숨가쁜 소리까지 녹취했는데 보상금도 못 받고……"
"MT는 뭐고? 그리고 보상금과 포상금을 잘 구별해 써야 된다."
친구 부인의 도망 사건을 듣고 무언가 보탬이 될 일이라도 없겠는지 하고 나와 앉아있던 공무원 출신 동기의 말이었다.
"헤헤이, 참말로 뭘 모르시네. MT는 모텔이고 요새는 아흥아흥하는 소리를 아무리 녹음해봤자 삽입 현장과 물증이 아니면 아무런 문제가 없다 아이가. 그런 거 찍어봐야 아무 돈 되는 일 없어. 더구나 요새는 간통죄가 폐지되어서 이혼 위자료 소송에나 써먹게 되어서 돈벌이가 신통치 않아.'
이발관 원장의 프로다운 말이었다.
어쨌든 그들은 핑계 삼아 인천 연안부두의 '연안 크루즈'라는 데를 찾아갔다. 물론 대부분이 성능이 좀 되는 폰 카메라를 들고서.

그렇게 한 이유는 여럿이 흩어져서 무조건 백인 여자라면 사진을 찍어 이창식에게 와이파이로 확인을 받으면 모두 그리로 몰려가서 잡기로 했기 때문이었다. 카메라와 녹음기를 바가지 쓴 영옥이도 모처럼 신바람이 나서 당연히 동행을 하였다.

연안 부두에서 크루즈를 탄 그들은 참으로 대단한 장면을 목격하였다. 언제부터 우리나라에 이렇게 백인여자들이 많이 진출한 건지, 정말 국제화가 제대로 된 데는 이런 유흥업소뿐인가 싶었다.

하지만 그 많은 아가씨들 중에도 옥사나는 없었다. 크루즈라는 이름을 옆구리에 크게 두른 배는 술 취한 사람들을 싣고 소래포구로 흘러갔다. 이윽고 인산인해를 이룬 포구에서 두 시간 후에 배는 다시 돌아 갈테니 젓갈을 사고 횟감을 맛보고 돌아오라는 전갈에 그들은 그때까지 아무 소득도 없이 뱃전을 넘어 어시장으로 들어갔다.

"야, 니 마누라 몸매 좋다고 자랑하더니만 별 볼일 없나보네. 저런데서 춤도 못 추고. 하여간 무대에서 뿐만 아니라 객석으로 내려와서 까지 몸을 비비 꼬는데 저게 뭐 그냥 홀딱 벗었더구만."

춘보가 외쳤다.

"아니야, 옥사나도 몸매 끝내줘, 아이구 두야~"

이창식이 반론을 전개하다가 머리를 제 주먹으로 때리며 우는 시늉을 하였다.

"야, 저 노랑머리 봐라!'

영옥이 소리를 지른 건 그때였다. 포구 뱃전에 바싹 붙어서 방가로 스타일의 횟집이 몇 군 데 있었는데 날이 더워서 포장을 올린 구멍으로 노랑머리 미녀가 술을 따르고 있었다.

"옥사나다, 이년~~~"

창식이 달려 들어가서 노랑머리채를 잡아채는데 건장하고 얼굴이 검붉은 사내가 굵은 팔뚝으로 가느다란 창식이의 손목을 잡아 비틀었다.

"이놈, 너 이 바닥의 춘보를 몰라?"

순간 춘보의 발이 날렵하게 그 얼굴 검붉은 사내의 얼굴을 쳤다.

"내 저 여자 언젠가 난리 칠 줄 알았지."

새우젓 드럼통을 비우던 젓갈 장수 아주머니가 혀를 찼다.

"저 여자가 여기 선장들 주머니를 다 훑었어요. 저기 춤추는 아가씨들은 다 헛 지랄이고 진짜는 여기서 쪽배 선장 후리는 거라요. 단수가 높아요. 우리말도 잘하고. 시베리아에서 대학도 나왔다던데."

"옥선아, 옥선아."

이창식이 코피를 흘리며 슬피 울고 있었다. 하지만 옥사나는 눈물을 흘리지 않았다.

"미안해요. 하지만 하바로브스크의 어머니가 중병이고 동생들은 학교를 다녀야 하고. 당신에게 이런 돈이 있어요? 폐 끼치고 싶지도 않았어요. 나 좀 놔줘요."(*)

회원_시

박 남 권

- 서울강남문인협회 회장 역임
- 《현대시학》 등단
- 《한국문학예술》 발행인
- 남산시낭회장

*시작 메모

영원은 순간의 그림자

잠시 죽었다
살아 있고, 살고 있는 것은
죽음과의 희미한 선 하나 경계에서
오 간다
사랑이라는 변명에 마주친다
사람들이 소리를 지르고 웅성웅성
모여들어 슬퍼하고
사람들은 천사가 된다.

그린 망고 외 4편
- 신내리

수국의 여름은 그렇게 간다
잠시 뒤돌아볼 시간에
꽃으로 땅을 덮던
자기 시절이 바뀌어
다른 얼굴로 서서
구월의 손을 내민다

완벽한 연주였어요
아니 아직은 미완이라고
하면서도
마음은 가라앉아 바다로 편해진다
숲의 노래에
착 달라붙는 연주 그리고 포즈 음악
구름을 불러온다

신내-그린 망고
치즈 피자에 이태리 사람들
푸른 눈동자 지도가 피어오르고
수국 꽃 지는 그림자

사랑을 노래하는 쓰르라미

구월 진한 커피 하트로
그린 망고 그림을 그린다
오래오래 남을 커피예요
한 잔을 나누어 마신 뜨거움도
식지 않을 거예요
아주 오랜 시간 너머로.

- 2023. 09. 01.

구벼울
– 강변마을

은빛 가루가 뿌려주는 햇빛
새들은 여름으로 날아가고
낯익은 석양에 손 흔드는 잔디 물결
옛이야기에
지친 마음의 옷을 벗는다

여름애 취하라
구벼울 커피, 강물에 취하라

강변마을 하나라는 구벼울
시작부터
산을 오르고
구름으로 배를 깔아 하늘에 선다
여기도 저기 저기가 하늘
다정하게 흐드러진 꽃
푸르러 푸르러 소나무 풍경
소금 빵 한 조각에서 너를 찾고
눈빛에 빠진다
명작으로 반짝이는 순간

남한강 설화가
윤슬의 그림자를 그려준다

저기 말예요
벌써 가야 하나요
오늘 안가면?

다시 남한강에 멈춰 서서
지는 해를 건져 올린다
구벼울 멋진 토방으로.

　　- 2023. 08. 23.

그림 정원

미로를 지나 옛 고향길 토담을 지나면
오래전 잊혀졌던 장면 속을 찾아간다
이 집일까
저 골목도 비슷하게 닮아
한참을 서서 눈을 감는다

왜 이렇게 이쁘게 생겼지
왜 이렇게 멋있게 생겼지
먼 산 짙은 녹음 앞에 기차가 지나가고
다리 밑엔 은빛 물결의 강물
작은 목소리로 하트를 그린다
연록색 잔잔한 나무 두 그루
커피를 마시자 한다

두 물이 만나는 양수리 갈 때엔
그림 정원 오렌지 망고 히비커스를
기억한다
두물머리 풍경을 그릴 때
그림 정원 숲길 느티나무

먼 산 그림자 띄운 강물
와인 잔에 띄운다

아름다워라 열아홉 환한 얼굴.

- 2023. 05. 17.

칸트의 마을
― 실존에 대한 변명

거기에 서 있으면 하얀 꽃이
아름답다는 의미를 알게 된다
숲길을 덮는 색채 얼굴을 들고
하늘까지 달려가고 있는 여름
새털구름 조각들 선녀 옷을 벗었다

너
그런 뜻을 아느냐

살아있는 것이 꽃이라는
살아 있는 것이 사랑이라는

똑 같은 시간에 걸어가던 칸트
또 같은 시간에 만나고 싶은 사람
수천 송이 하얀 꽃 속
붉은 능소화 찬란한 부러움이다

나란히 와서
나란히 손을 잡아도

그리움의 샘은 목이 마른
칸트의 숲길

쑥떡을 닮은 빵이 베스트예요
커피도 가지 말라 말을 걸고요
이 여름 칸트의 마을에 온
시간의 자랑 침이 마른다

사는 것이 실존
걸어가는 것이 철학일까.

  - 2023. 05. 09.

하늘의 선택
— 생명

영원은 순간의 그림자

잠시 죽었다
살아 있고, 살고 있는 것은
죽음과의 희미한 선 하나 경계에서
오 간다
사랑이라는 변명에 마주친다
사람들이 소리를 지르고 웅성웅성
모여들어 슬퍼하고
사람들은 천사가 된다.

죽음은 저벅저벅 다가왔다
사람들 내가 되어 죽음과 맞서 싸운다
싸움에 진 죽음이 패배의 신호를 보내며
그림자만 남기고 가버렸다

죽음이 생명에게 손을 흔들고
사람과 사람들은
생명의 손을 잡아 작은 불씨로

생명의 여린 싹을 틔운다

탄생한다
다시 탄생한다
생명은 내 소유가 아닌
사람들의 손에 의한 선물

사람들은 생명이다
생명의 물줄기
생명의 원천
원천 푸른 강물은 다시 흐른다

잠시 딴눈을 팔면
엄청난 바위산이 쏟아져 덮치고
불의 열기 달려들어
화산을 만들 수도 있다.

거봐
잠시라도 눈을 감고 명상을 해야 해
자만을 버리고 천천히 가야 해

슬로우 슬로우 아주 천천히

젊은 바다의 마음이다
파도가 오더라도 놀라지 않으며
바람이 불어도 편한 마음으로
받아주는 등대
젊은 피가 끓는 몸이어야 한다
활시위 당겨
거문고 소리 높이 흐르게 한다
뛰지 않고 멈추지 않는 호흡
여유 있게 걸어라

그리고 갚아야 한다
다시 태어난 생명을 갚아야 한다

빨리 가는 자가 이기는 것이 아닌
이기는 자가 주인이다
크게 숨을 쉬어
더 크게 하늘을 품어
그래 바로 그렇게.

- 2023. 08. 09.

회원_평론

임 영 천

- **서울광진문인협회 4대 회장 역임**
- 문학평론가. 문학박사
- 사) 한국문인협회 광진지부 초대 지부장 역임
- 한국문학비평가협회 회장 역임
- 사) 한국문인협회 평론분과회장 역임
- 현재 한국문학비평학회 회장
- 세계한인문학가협회 회장
- 사)한국문인협회 자문위원
- 조선대학교 명예교수
- 문학평론집 : 『삶과 믿음과 문학』, 『한국 현대소설과 서사적 동향』, 『땅의 문학과 하늘의 문학』, 『광장의 문학 열림의 문회』, 『동서양 구원의 명작 순례』 외

■ 문학평론

전형적인 한 여인의 수난사화
―이정은의 〈세 번째 기회〉

    이정은 작가의 단편소설 〈세 번째 기회〉[1]에 대하여 이제 다시금 살펴보기로 하였다. 상당한 시간이 흘러갔음에도 불구하고 이 작품에서 받은 감동이 아직도 크게 살아남아 있기 때문이다. 이 작품에 대하여 관심이 크게 기울어지게 된 이유는 그 특유의 냉연한 문체와 스피디한 템포, 그리고 여인의 수난사를 깔끔하게 처리하는 개성적인 스토리텔러로서의 자질 등이 매우 돋보인다고 판단되었기 때문이다.

    이 작품은 그 결과가 훌륭한 스토리텔링의 효과를 낸 셈이지만, 그리고, 그렇기 때문에 스토리텔러란 표현도 쓰게 된 처지이기는 하지만, 그러나 작가는 자기 자신에 대한 단순한 스토리텔러로서의 평가를 달가워하지 않으리라고 여겨진다. 우리말식으로 표현해 '이야기꾼' 정도로 번역될 수도 있을 이 스토리텔러란 말에 대하여 작가 스스로도 만족하지 못하리라고 보는 것은 이 작품이 보여주고 있는 강렬한 문학정신 또는 치열한 작가정신 때문이라고 생각된다.

    단순한 이야기꾼은 옛날의 전기수(傳奇叟)처럼 그 이야기의 내용에 스스로 빠져(몰입해?) 청자들에게 흥을 돋우면 그만이라고 하겠지만, 치열한 작가정신의 소유자는 그 상태로 만족하지는 못한다고 보겠다. 무언가 붙들고 씨름하여 반드시 넘어뜨려야 할 목표를 찾아내, 끝내 거꾸러뜨리고

---

1) 《월간문학》 제471호(2008. 5) 소수(所收).

야 말겠다는 비장한 각오와 결의가 엿보이는 그런 존재가 되지 않으면 안 된다고 생각한다.

그러므로 이 소설의 작가는 독자들에게 편안한 자세로 이야기(스토리)를 들려주려는 처지가 아니라는 것이다. 거의 피를 토하는 심정으로 한 여인의 수난사를 전해 주려고 거의 울부짖는 모습이라고나 할까? 뭐 그러그러한 느낌이 독자인 우리들에게 전해져 오는 것 같다. 한 여인의 안타까운 수난의 이야기를 이처럼 절실하게 전해준 소설도 그리 많았던 것 같지는 않다, 라는 생각이 들 정도이다.

그래서 필자는 이런 생각을 해 보았다. 그럼에도 불구하고 이 소설이 일종의 스토리텔링의 수준으로 평가절하 받을 수도 있게 된 것은 이 작품이 주로 '서술' 위주의 전달 방식에 의존했기 때문이 아니었나 판단된다는 것이다. "과거에 이런 일이 있었다."는 투의 설명(서술) 위주의 문장이 아니라 "지금 이런 일이 벌어지고 있다."는 식의 '묘사' 중심의 문체로 바꿔 썼더라면 훨씬 더 강력한 의미 전달이 이루어질 수도 있겠다는 생각이 들었다.

이를 달리 표현해 본다면, 서술 위주의 표현 기법(만)을 가시고도 이 정도의 효과를 낼 수 있었다면, 만일 묘사 중심의 기법으로 바꿔 사용했을 경우, 어쩌면 황석영의 소설 문장에 버금가는 효과가 나타나 이 소설의 위치를 더욱 격상시켰을 수도 있었으리라는 생각이었다.

헨리 제임스(Henry James)가 이 점을 말하기(telling)와 보여주기(showing)란 말로 구분하여 설명했으며, 한편 퍼시 러보크(Percy Lubbock)는 '서술 위주'와 '장면 위주'란 말로 구분해 설명하였다. 여기서 '장면 위주'는 다른 말로 바꿀 경우 '묘사 위주'의 의미에 상통하고, 헨리 제임스의 앞든 표현인 '보여주기'로 통한다고도 할 수 있다. 이를 종합해서 표현해 본다면, 생생한 장면을 드러내기 위해 묘사 기법을 써야 하는데, 이는 곧 헨리 제임스 식의 보여주기(showing), 또는 퍼시 러보크

식의 '장면 위주' (묘사 위주)에 해당한다는 것이다.
 그러나, 우리가 지금 논하려고 하는 작품 〈세 번째 기회〉에 이 '보여주기' 또는 '장면 위주' (묘사 위주) 기법이 온전히 효과적으로 통할 수 있겠느냐고 물어보았을 때 반드시 그렇다고 답하기가 또 쉽지 않으리라고 생각한다. 이 소설은 이를테면 장편의 제재(소재)를 단편의 세계로 압축시킨 셈이어서, 단편소설에서 보여줄 수 있는 단일한 시공간 안에서의 효과적인 표현을 위한 묘사나 보여주기 기법이 언제나, 또 모든 경우에 유용하리라고는 보기 어려울 것이기 때문이다.
 그래서 우리는 이렇게(아래와 같이) 말하는 것으로 물러나, 다음 단계인 작품 자체에 관한 이야기로 넘어가 보기로 한다. 작가의 서술 위주(말하기)의 작품 전개가 아쉽기는 하지만 그럴 만한 여건도 전혀 없지는 않기 때문에 그런 결과를 초래한 것인지도 모르겠다, 라고 말이다.

 이 소설의 주인공은 이진순이란 이름의 여성이다. 여기에 남편 유봉수와 그의 어머니 곧 진순의 시어머니가 덧붙여져 이야기가 전개되는 양상을 띠고 있다. 어찌 보면 이 소설은 유봉수와 이진순, 남녀 주인공들의 이야기처럼 보이는 면도 없지 않지만, 그러나 이야기의 후반에 이르러 유봉수는 실제 무대에서 사라지는 형국이어서 유봉수를 이진순과 동급의 주인공으로 보기는 어렵다고 하겠다.
 이렇게 볼 때 우리는 이 소설이 이진순과 그의 시어머니가 복수 주인공으로 나오는 이야기라고 보는 게 더 타당하리라고 판단된다. 시어머니는 며느리 진순의 남편인 유봉수가 사라진 뒤에도 끈질기게 살아남아서, 뒤늦게 시체나 다름없는 몸으로 찾아들어온 제 남편을 맞이해 장례까지 치러주고 마지막엔 자기 자신도 저승으로 떠나는데, 그 때문에 이 시어머니는 며느리 이진순의 운명을 좌우하다시피 한 구식 노파로서 주인공 급의 인물이랄 수 있겠다.

이렇게 보면, 이 두 여성 복수 주인공들은 이목연의 소설 〈소가 운다〉[2]의 복수주인공들이었던 '소녀와 할머니'의 경우와도 상당히 유사한 것처럼 읽혀진다. 그 소녀의 자리에 젊은 여인 진순이가 들어서고, 그 할머니의 자리에 이 시어머니가 들어앉는 모습으로 바뀌어진 인물 배정처럼 보인다. 이목연의 〈소가 운다〉에서 소녀(소영이)와 할머니가 운명적인 대결을 벌이고 있었던 것처럼, 이정은의 〈세 번째 기회〉에서도 진순이와 시어머니는 숙명적인 만남과도 같은 불편한 관계를 서로 유지하며 힘겹게 살아가고 있다. 복수 주인공들이지만 〈소가 운다〉에서 소녀 소영이 중심의 이야기로 전개되듯이, 역시 〈세 번째 기회〉에서도 젊은 진순이 중심의 이야기로 전개되고 있음은 거의 동일한 편이다.

이 작품은 계절의 기복(起伏)이 감지되는 스토리로 전개되고 있는 편이다. 봄, 여름, 가을, 겨울의 계절감이 느껴져 오는, 그런 자연 생명체와도 같은 동력이 감지되도록 만들어 놓은 작품이라고 볼 수 있겠다. 〈비평의 해부〉의 저자 노스롭 프라이(Northrop Frye)가 말하는 봄의 미토스(mythos)니, 여름·가을·겨울의 미토스니 하는 그런 특유의 개념과는 무관한, 어디까지나 소박한 의미의 계절 감각일 뿐이다.

진순이가 봉수를 만나 사랑을 하고 가정을 꾸리기까지의 이야기가 봄의 계절에 속한다. 그러나 시어머니까지 포함된 3인의 가정이 그렇게도 진땀나고 힘겨운 삶이란 것을 진순이는 직접 경험하게 되는데, 이는 더운 여름의 계절에 해당한다고 생각된다. 이 무게를 견디지 못하고 진순이가 탈출을 결심하지만 이때 이미 어린 생명이 태어나고, 그로 인해 그 모든 어려움을 견뎌낼 수 있게 되는 것은 열매의 계절 가을에 해당한다고 판단된다. 그리고 이 기쁨은 그녀로 하여금 쉽게 그곳을 탈출할 수 없게 만드는 족쇄로도 작용하고 있는 것이다.

---

[2] 《월간문학》 제467호(2008. 1) 소수.

그러나 그렇게 버텨서 산 세월이 이제 겨울철로 접어들려 하고 있다. 밖에서 딴살림 차려 주고 지낸 것으로 보이는 시아버지가 거의 죽은 몸으로 돌아와서는 곧 세상을 떠나고, 이어서 시어머니마저 목숨을 거두게 되자, 그녀(진순이)는 이제 더 이상 세상(목숨)을 버텨 나가야 할 사실상의 명분을 잃고 만다. 이제 아들 한별이 자라서 군대에 입대하게까지 되어버리니, 구차한 집에 홀로 남은 그녀에게는 더 이상 생을 버텨나갈 힘마저 남아 있지 않다.

시아버지처럼 딴살림을 차리고 있는 남편 봉수는 어머니의 죽음 이후로는 아예 그녀를 찾아와 보지도 않는다. 자연히 군대에 있는 아들 한별이만이 그녀의 마지막 희망이 될는지도 모른다. 그러나 그녀는 시아버지와 남편으로 이어지는 이 가문의 그러그러한 혈통을 잘 알기 때문에, 미성년(소년) 때의 아들처럼 한별을 줄기차게 믿고 의지할 언덕으로 여기지는 못할 처지라고 하겠다.

그녀는 결국 방 안의 가스 밸브를 열어 놓고 자살을 시도한다. 그러나 역시 아들 한별이만은, 초등학교 입학 때 그 아이 때문에 가정탈출을 포기하게 되었던 전례처럼, 그녀로 하여금 이 세상에서의 탈출을 주저주저하게 만드는 마지막 요인으로 작용하였다. 그래서 그녀는 순간적으로 밸브를 다시 잠가보려고도 시도해 보지만, 이미 굳어져 가고 있는 몸이 그녀의 그 일을 허용하지 않았다. 그리고 그녀는 그렇게 이 세상을 떠나갔다.

이 작품이 한 가련한 여인의 단순한 고난의 이야기처럼 읽히지 않고, 허다한 여인들의 수난의 이야기를 집약해 놓은 하나의 대표적 이야기처럼 읽히는 효과를 내고 있음이 어디에 기인하는지 매우 궁금하게 여겨지는바 없지 않다. (*)

회원_시

이 진 숙

- **서울성동문인협회 4대 회장 역임**
- 1995년 《시조생활》 등단
- 2002년 예총 《예술세계》 수필 등단
- 국제PEN한국본부 전통문화위원장.
- 한국여성문학인회 이사
- 현대시인협회, 여성시조협회 이사
- 서초문인협회 부회장
- 저서 : 『하루가 너무 길다』, 『창 너머엔 노을이, 가슴 속엔 사랑이』, 『분위기를 모르는 남자』 외

고해성사 외 4편

남산 길
돌 틈 사이
비집고 핀 제비꽃

장대비를
맞으면서
용케도 견뎌낸다

꿋꿋이
살아내는 너
가만히 묵상 한다

공空

불꽃 같은
노을은
가지 끝에 걸려 있고

혼신으로
매달려
흔들리는 나뭇잎

사는 것
왜 그랬을까
결국 바람도 슬픔인 걸

섭리攝理

겨울나무 가지 끝에 가만히 살펴보니
어느새 뾰족이 꽃눈이 트고 있다
* '떨켜' 로
무장하더니
혹한도 이겨 내고

이렇듯 기지개 켜고 봄을 맞는 나무들
상처를 감싸 안고 진주알 빚어내듯
겨울에
더 단단해지는
그런 섭리 있었는데~

*떨켜: 기온이 내려감에 따라 나무는 차츰 겨울을 준비하게 된다. 추운겨울이 오면 〈떨켜〉라는 코르크층이 형성돼 기공이 닫히면서 잎이 떨어진 자리를 보호하는 성질을 지닌 세포.

아름다운 지배

시간과 공간 속에서
얻어지는 충만은
용서로 감싸는 따스함의 답일까
환하게
꽃등을 달고
천리 향을 보낸다

오묘한 당신섭리
하늘 바람 새소리
다투어 피는 앉은뱅이 꽃의 미소
행복한
지배자들이다
여리디여린 풀꽃들 향연

향원익청 香遠益淸

휴休 라는 푸른 그늘
넉넉함에 기대 나를 본다

신이 준 선물 '내일' 이라는 가장 큰 축복에

손 모아
감사와 희망을 건다
향원익청 香遠益淸 꿈꾸며

회원_시

조 일 규

- 서울강서문인협회 회장 역임
- 2004년 《문예사조》 등단
- 수상 : 강서문학상, 짚신문학상,
  문예사조문학상 본상 등 수상
- 작품 : 『새샘우물가에서』, 『별 하나에 심은 사랑』,
  『바람은 홀로 울지 않는다』 외

감자를 깎으면서 외 4편

네놈 눈에 칼끝을 들이대 말어
초롱초롱한 눈이
이처럼 얄밉기는 생전 처음이다

쭈글쭈글하게 늙은 녀석들이
부엌 한쪽 구석에
잔뜩 웅크린 채 눈만 깜박거린다

밥 언제 먹어요
방에서 들려오는
아이들의 밥 재촉소리에
칼끝에 그만
파란 눈이 쏙 빠져나왔다

그래 누구나 태어나기를
때와 운을 잘 타야 하지
너는 봄날에
촉촉이 젖은 텃밭을 만났어야 했어

인생들도 크게 다를 바는 없더라

들국화 향기

찬이슬 내려앉은 들길에 들어서면
어디선가 코에 밴
고향 냄새가 진동한다

철없던 그 시절엔
그저 불꽃놀이에 빠졌었는데
나이를 먹다 보니
열정도 세월 따라 식나 보다

이젠 마음 편안한
속 깊은 친구가 먼저 생각이 난다

어릴 때 보고 자란 들국화가 만발했다
이 길을 걷다 보면
어느새 앞서가는 고향의 발자국
순이도 따라온다

노을 진 저녁하늘에
임의 얼굴이
국화처럼 피어난다

망초꽃

어머님 생각이 난다
길 건너 허허 들판에
망초꽃이 흐드러지고
눈가에는 눈물이 고인다

동네 잔칫날인 듯
먹음직한 계란프라이가
한 상 가득하다
펄펄 끓는 기름 냄새가
콧구멍을 후빈다

이웃집 사는 민수는
점심도시락마다 흰쌀밥에
계란 프라이를 올려 준다던데
우리 새끼는
꽁보리밥에 꼬부라진 깍두기 몇 쪽
그 흔한 계란프라이 하나 못 해 준다며
아침 등굣길마다
짠해 하시던 엄마의 눈물

나는 그래도
형이 쓰던 양은도시락에
엄마의 따신 정성이 담겨 있는
그 때 그 도시락이
내 입에는 제일 맛났다

망초꽃이 필 때면
또 눈시울이 붉어온다

봄은 내 안에

봄은 내 안에 있다
등잔 밑이 어둡다했던가
부모형제가 그랬고 이웃이 그랬고
친구가 그랬듯이
늘 우리 가까이 있었다

칼끝을 들이대듯
문풍지 사이로 파고드는
매섭던 겨울바람
그는 잔인했지만
내 안에는 끄떡 없이
봄이란 이름으로 생명이 살아있었다

봄은 덥지도 않고 미지근도 않다
따뜻해서 봄이고 꽃이 피는 사랑이다
동백은 눈 속에서도
웃음을 잃지 않았고
매화는 봉오리를 만지작거리며
자신을 믿고 달래며 견디었다

젖줄이 얼어 텄지 않도록
봄은 적삼고름을 풀어주었고
봄은 이름만으로 따뜻하며
봄은 젖내 나는 향기이다
가슴이 따뜻하다면
내 안에는 이미 봄이 싹을 텄습니다

얼굴엔 꽃이 피고
가슴은 무척 따뜻할 겁니다

회전목마

돌고 돌아가는 게
시곗바늘이고
달리는 회전목마다

가면 또 다시 찾아오는 게
사계절이건만
잡아 가둘 수 없는 게
또한 청춘이더라

쫓고 쫓아가는 회전목마에
운 좋게 올라앉은 나는
고삐를 당겨 잡고
채찍 들어 내달린다

뉘를 더 앞서고
무엇을 더 움켜쥐려고
손에 든 회초리는
쉴 새 없이 목마를 재촉한다

가자 목마야

회원_시조

정 동 진

- 서울관악문인협회 회장 역임
- 시인, 시조시인, 문학평론가
- 한국문인협회 문단정화위원
- 한결문학 회장
- 관악문협 지도위원

관악산 시화전 외 4편

갈바람 흐느낌에
풍경소리 청아하고

길 잃은 낙엽마저
애처로이 탄식해도

화려한 시화들 모여
늦은 가을 뽐낸다.

시월 어느날

싱그럽던 푸르름
저만치 밀어내고

가을의 향기 품은
과수는 익는데

그리움 가슴에 안고
파란 하늘 품는다.

소나기

후두둑 빗방울에
짹짹거림 숨 죽이고

잎사귀 옥구슬에
옛추억 한소쿠리

빗방울 흐느낌 속에
찜통더위 무심타.

빈 머리카락

휑하니 빈 곳에
햇볕마저 따가웁고

빛바랜 파라솔
버텨볼까 고민인데

눈가린 검푸른 안경
안보여도 보인다.

노랭이 분꽃

해거름 가슴 펴
눈물 방울 머금고

빨강속 혼혈 노랑이
사랑 가득 품는데

한낮의 땡볕 고통이
꽃술 위에 고인다.

회원_시조

진 길 자

- 서울강남문인협회 회장 역임
- 현) 강남문인협회 고문
- 현) 한국시조협회 부이사장
- 현) 한국산림문학회 부이사장
- 현) 한국여성시조문학회 회장
- 수상 : 서울시문학상, 시천시조문학상 외 다수
- 저서 : 『모래의 여정』, 『시인의 여행가방』,
  『풀잎의 소망 영역본』 외 4권

이방인의 하루 외 4편

끈적이는 갯바람이 휘몰이로 부는 날엔
통통배에 몸 맡기고 수천까지 가고 싶다
갈매기 날갯짓 속에 시름 모두 풀어놓고

갯벌 깊은 골에 금빛 노을 스며들면
오늘이 아쉬워서 울고 있는 저 갈매기
해지면 갯바위 올라 별이 되는 꿈 꾸려나

겨울밤에

고요한 산속에서 빙점으로 가라앉아
눈발 속 칼바람이 자작나무 에워싸고
어디쯤 새벽이 오나 기웃대며 수선 떤다

바람 거친 비탈에서 침묵하며 서있는데
허둥대는 속 울음은 휘감겨 모질어도
섭리에 따른 업보를 증언하는 경전이다

낙엽

때를 알아 떠날 때는 미련마저 던져두고
가슴속 목마름에 꽃바람 일어나면
마음은 이미 가을로 가 다홍으로 타고 있다

나팔꽃

높은 곳 꿈을 꾸며 기어가는 덩굴손이
하늘가 그리움을 찾아서 가려는 듯
땡볕을 굵게 엮어서 줄사다리 만든다

되돌아갈 생각으로 오르는 꽃 있을까
올라서야 뵈는 세상 가는 허리 서러워서
눈물로 쌓인 사연을 허공에다 피운다

망초꽃

숲에서 목 내밀어 하늘에 뜻을 두고
나비야 스쳐 가도 무심으로 바라보며
꿈인 듯 여름 한 철을 새하얗게 엮어낸다.

몸에 감긴 은빛 햇살 백옥같이 눈부셔도
심중에 쌓인 사연 달래기가 힘들어서
오늘도 떼 지어 나와 바람결에 춤을 춘다

회원_시

홍 석 영

- 《문학예술》 시 부문 등단
- 사) 한국문인협회 영등포지부 고문, 서울지회 이사
- 사) 한국문인협회 서정문학연구위원회 부위원장
- 사) 대한민국예술총연합회 영등포지부 감사
- 삼강문학회 부회장, 미네르바문학회 이사
- 한국시인협회 회원, 국제PEN한국본부 회원
- 사) 국제PEN한국본부 사무총장 및 전무이사 역임
- 저서 : 『바람도 기침을 한다』, 『기다려지니까 사랑이다』 외 다수
- 수상 : 제8회 한국문인협회 서울시문학상, 숭대문화상(대상), 제5회 영등포문학상(대상), 제3회 삼강문학상(대상) 등 다수

기다려지니까 사랑이다 외 4편

개기일식이다
달그림자로 가려진
태양의 가장자리 불꽃이 핀다
일상의 삶이 송두리째 바뀐다

마음의 눈으로 세상을 바라보고
사랑하는 마음으로 생각을 바꾸고
어느 길이든 거닐다 보면
피톤치드가 솟아나는 길이 열린다

저 높은 곳을 향해
마음껏 하늘을 마시면
행복의 길이 걸어 나온다

그리움도 애잔한 사랑이요
외로움도 고독한 사랑이라
모두 다 기다려지니까 사랑이다

어느 길이든 가거라
너의 길을 향해

나는 지금도 공사 중

시도 때도 없이
강과 바다가 갈라지고
땅과 하늘이 쪼개지고
어디에서나 숙명적인 푯말
'공사 중'을 만난다

어쩌다 지구의 미아가 되어
우주를 꿈꾸어 보기도 하지만
어찌하면 좋을까?
온통 주변은 공사 중
상처 난 가슴은 우울증으로 골이 깊다

그동안 그 많은 시간과 정성을 들여
여기까지 질주해 왔지만
아직도 나는 공사 중

부족한 것 채우고 고치고 만들고 버리고
지지고 볶고 소란을 피워보지만
그래도 내 마음의 작업장은 미완성

나는 지금도 공사 중
현재 진행형이다

내가 돈다, 바람개비처럼

내가 돌고 네가 돈다
사람들이 돈다

땅이 돌고 산이 돈다
강이 돌고 바다가 돈다

지구가 돌고 세상이 돈다
태양이 돌고 우주가 돈다

온통 돌기만 하는 세상 한복판 중심에
내가 서 있다

선풍기가 전원 없이도 그냥 돌아가고
풍차도 세월도 돌아간다

더 이상 견딜 수 없어
내가 돈다, 바람개비처럼

늦은 때

쇼팽의 악보
오선지에 빽빽이 그려진 음표
음악과 수학의 비례 관계성
멀리서 보면 악보가 하나의 추상화가 된다

나도 별반 흥미가 없던 수학 시간에
번분수를 만나곤 새롭게 마음이 요동쳤다
복잡한 과정의 매듭을 하나씩 하나씩 풀어가다 보면
어느새 종착역에 다다르게 된다

그 답은 단순하고 신기하고 신선하기까지 하다
초보적 기초 소양도 못 갖춘 내가 깊은 내막의 수학일랑
알 길이 없지만은 쾌거 앞에 기쁨을 억누를 수 없다

돌고 돌아
오대양 육대주를 섭렵하며
여기까지 왔는데

시를 사랑한 수학자
단테의 신곡을 외워버린 피아니스트
의미 없는 단어들을 이리저리 꿰어 맞추어 나가는
어설픈 시인은 한 송이 꽃도 피우기 전에
사라져 버릴까 염려되는 깊은 밤에도 넋두리로 지새운다

바람도 기침을 한다

아낙의 등짝 같은 겨울
하늘거리는 바람결에도 기침을 한다

창틈으로 기어든 햇살이
짓무른 눈자위를 어루만진다

거북이 등처럼 갈라진 손등
얼어 깨진 장독 쓰다듬는다
숯덩이 가슴을 쓸어내린다

빛바랜 문풍지 누런 새가 되고
하늘에선 반죽 덜된 국수의 파편들이
햇발 사이로 시샘을 하며 내려앉는다

잠의 변두리쯤에서
멧새 한 마리 서성거린다

✽ 아리수문학회 정관 ✽

제　　　정 : 2013. 01. 20
1차 일부개정 : 2015. 02.
2차 일부개정 : 2016. 01. 08
3차 일부개정 : 2018. 01. 08
4차 전부개정 : 2025. 03. 12

제1장 총 칙

제1조 (명칭) 본회의 명칭은 다음과 같다.
　　　본회는 "(사)한국문인협회 서울지회 역대지부회장협의회"라 칭한다. 약칭은 "문협서울역대회장회" 또는 "아리수문학회"로 병칭한다.

제2조 (목적) 본회의 목적은 다음과 같다.
　　　서울소재 역대지부회장을 역임한 회장들로 구성된 문화예술단체로 문학발전과 문화창달을 위해 활동하고 회원 간의 친목 도모와 권익보호를 목적으로 한다.

제3조 (사업) 본회는 제2조 목적을 위해 다음과 같은 사업을 한다.
　　　가) 연간지 아리수문학 발간, 전자책 발간, 기타 출간물 간행
　　　나) 문학과 관련된 각종 행사 주관 및 지원업무
　　　다) 아리수문학상 수여
　　　라) 문학과 관련된 사업과 본회의 목적에 필요한 사업

제4조 (사무실) 본회의 사무실은 서울특별시에 설치한다.

제2장 회원의 자격 및 권리의무

제5조 (자격요건) 본회의 회원 자격요건은 다음과 같다.
　　가) (사) 한국문인협회 서울지회 각지부회장을 역임한 자로 한다.
　　나) 본회 회원을 원하는 자는 입회원서를 제출 임원회의에서 과분수의 찬성을 받아 회장이 임명한다.

제6조 (권리/ 의무) 본회 회원의 권리와 의무는 다음과 같다.
　　가) 회원은 선거권, 피선거권, 발언권, 결의권 및 통상의 권리를 갖는다.
　　나) 모든 회원은 각종 권익, 포상, 후생복지를 받을 권리를 갖는다.
　　다) 회원은 회비 납부와 주관행사에 적극적인 동참과 작품 발표 등 문학인으로 품위를 지켜 본회 명의에 손상을 주어서는 아니 된다.
　　라) 본회의 회원은 년 회비와 입회비를 납부해야 한다.

제3장 임원 및 자문위원 구성

제7조 (임원) 본회의 임원은 다음과 같다.
　　가) 회장: 1명
　　나) 명예회장: 1명
　　다) 고문: 회장을 역임한 회원
　　라) 수석부회장: 1명
　　마) 부회장: 10명 이내
　　바) 감사: 2명
　　사) 사무총장: 1명
　　아) 운영위원장 1명 및 운영위원: 약간 명
　　자) 홍보위원장 1명 및 홍보위원: 약간 명
　　차) 재무위원장 1명 및 재무위원: 약간 명
　　카) 이사: 10명 이내

제8조 (자문위원 위촉) 본회는 자문위원을 위촉할 수 있다.
　　본회는 회원이 아닌 외부 저명인사로 본회 발전과 위상을 높이기 위해 약간의 자문위원을 위촉할 수 있다. 임기는 제한이 없다.

제9조 (임원의 자격) 본회 임원의 자격은 다음과 같다
    가) 회원으로 1년 이상 활동한 자
    나) 본회 년 회비를 납부한 자
    나) 본회 명예를 실추하지 아니한 자

제10조 (임원의 선출) 본회 임원의 선출은 다음과 같다.
    가) 회장 및 감사는 총회에서 선출한다.
    나) 회장은 자격요건에 합당한 자로 1인의 경우 정기총회에서 추대형식으로 추대 선출한다. 출마자가 2인 이상인 경우 참석회원 투표로 다 득표자로 선출한다. 동수인 경우 연장자로 한다.
    다) 감사는 자격요건에 합당한 자로 정기총회 참석회원들의 추천에 의해 2인 추천의 경우 투표 없이 선출되고 2인 이상 추천일 경우 투표로 다 득표자로 2인까지 선출한다.
    라) 수석부회장 등 임원은 회장이 임명한다.
    마) 명예회장은 직전 회장으로 임원회의에서 추대 후 회장이 임명한다.
    바) 고문은 회장을 연임한 회원으로 자동 추대한다.

제11조 (임원의 임기) 본회 임원의 임기는 다음과 같다.
    가) 회장을 비롯한 임원의 임기는 2년으로 한다. 단 회장은 1회에 한하여 연임할 수 있다.
    나) 다른 임원은 연임 제한을 받지 아니한다.
    다) 보선된 임원은 전임자의 잔여 임기로 한다.
    라) 회장 및 임원은 임기가 종료되어도 후임 회장이 선출될 때까지 그 직무를 수행해야 한다.

제12조 (임원의 임무) 본회 임원의 임무는 다음과 같다.
    가) 고문, 명예회장은 회장단에 창의 발전적인 조언과 의견을 제시하여 본회 발전에 기여한다.
    나) 회장은 ① 본회를 대표하고 본회에서 주관하는 모든 행사를 총괄한다.

② 정기총회 등 각종 회의를 소집하고 의장이 된다. ③ 본회의 사업과 관련된 제반 사항의 최종적 결정권을 갖는다. ④ 제2조 목적을 위해 충실한 책무를 다하고 회원 상호간의 융화 단결에 헌신해야 한다.
다) 수석부회장을 비롯한 임원들은 회장을 보좌하고 회장의 유고시 또는 불참석 시 대행의 순위는 수석부회장으로 하고 그 다음은 부회장 중 연장자 순으로 대행한다.
라) 감사는 ① 본회의 일반감사와 회계감사를 총괄하여 총회에서 보고해야 한다. ② 감사는 일반업무감사와 회계업무감사 중 부정이나 부당한 점을 발견할 시는 즉시 회장에게 보고해야 한다. ③ 감사는 수시감사와 정기감사를 수행해야 한다.
마) 사무총장은 ① 회장의 통솔 하에 제반업무를 수행하고 결재를 득해야 한다. ② 총회/ 임시총회/ 임원회의에서 의결한 사항을 수행하고 일반업무와 회계업무를 수행한다. ③ 회계장부를 비롯하여 회의록 작성 비치, 관계기관과 회원에게 각종 회의 연락, 본회 모든 자료와 장부를 보관 비치해야 한다.
바) 각 위원장은 해당 부서의 제반 업무를 관장하고 추진한다.

제4장 회 의

제13조 (회의 종류) 본회 회의는 다음과 같다.
가) 정기총회 : 정기총회는 원칙적으로 매년 1회 12월 중에 회장이 소집한다.
나) 임시총회 : 회장이나 재적회원 1/3 이상의 요청이 있을 때 회장이 소집한다.
다) 임원회의 : 각 분기마다 연 4회 소집과 회장이 필요할 시 수시로 소집한다.
라) 회장단회의 : 회장단은 회장, 부회장, 사무총장으로 회장이 필요할 시 소집한다.

제14조 (회의소집/ 의결권) 본회 회의소집과 의결은 다음과 같다.
가) 각종 회의는 회장이 소집한다.
나) 모든 회의의 의결은 별도 규정이 없는 한 회원 과반수의 참석과 참석회

　　　　원 과반수의 찬성으로 의결한다.
　　　다) 부득이 참석이 불가하여 위임(서면, 메일, 카톡, 문자, 전화 등)할 경우 참석으로 보며 의결된 안건에 따른다. 단 의결권은 없다.
　　　라) 정기총회와 임시총회는 개최 20일 전에 임원회의는 개최 5일 전에 카페에 공지하고 서면 또는 문자나 전화로 공지해야 한다.

제15조 (정기총회) 정기총회 의결사항과 보고사항은 다음과 같다.
　　　가) 정관제정, 일부개정/ 전부개정/ 폐지 의결.
　　　나) 각종 사업계획 수립 및 예산심의 의결.
　　　다) 회장, 감사 선출.
　　　라) 감사보고(일반감사와 회계감사).
　　　마) 본회 목적을 달성하기 위한 주요안건 심의 의결.

제16조 (임시총회) 임시총회 의결사항과 보고사항은 다음과 같다.
　　　가) 정관제정, 일부개정/ 전부개정/ 폐지 의결.
　　　나) 각종 사업 계획수립 및 예산심의 의결.
　　　다) 회장, 감사 외 임원구성
　　　라) 주요안건 심의 의결.
　　　마) 총회에 준하는 안건과 긴급한 현안 당면업무 의결.

제17조 (임원회의) 임원회의 의결사항은 다음과 같다.
　　　가) 정관제정, 개정, 폐지 발의.
　　　나) 총회에서 위임된 사업 등 제반 업무.
　　　다) 예산 결산 및 사업계획에 관한 사랑
　　　라) 회장, 감사를 제외한 임원 임명에 관한 사항.
　　　마) 기타 일반 안건.
　　　바) 정관 규정에 없는 사항은 의결하여 시행하고 총회에서 보고해야 한다.

제5장　재　　정

제18조 (재정 수입) 본회의 재정 수입은 다음과 같다.

가) 본회의 재정은 연회비, 입회비, 보조금, 찬조금, 광고비, 출판비, 기타 지원금으로 운영한다.
나) 연회비는 다음과 같다.
회장: 50만 원, 부회장: 20만 원, 감사: 10만 원, 각 위원장: 10만 원, 명예회장 10만 원, 고문 5만 원, 이사: 5만 원, 신입회원 입회비; 5만 원 등.
다) 집행부에서는 부족한 재원을 충당하기 위해 문화예술단체와 각 관계부처에 등록하여 보조금을 지원 받을 수 있도록 주선한다.

제19조 (재정 지출) 본회의 재정 지출은 다음과 같다.
가) 작품을 출품하거나 원고를 제출한 회원에 대하여 소정의 금액을 지급할 수 있다.
나) 회원 중 직계(본인 및 배우자) 애경사 시 10만 원 상당의 현금이나 축화환, 조화 등을 지출할 수 있다(단 2회에 한하여)
다) 예술문화단체 등 관련기관단체에서 초청 시 10만 원 상당의 현금이나 축화환, 조화 등을 지출할 수 있다.
라) 연회비 등을 납부한 회원 중 출판기념회, 4주 이상 장기입원 시에는 10만 원 상당의 금액을 지출한다.

제20조 (예산 및 결산) 본회의 예산 및 결산은 다음과 같다.
본회의 예산 및 결산은 의무적으로 총회에서 감사보고와 같이 서면 보고해야 한다.

제21조 (회계연도) 본회의 회계연도는 다음과 같다.
본회의 회계연도는 매년 1월 1일부터 해당연도 12월 31일까지로 한다.

제6장 회원의 자격상실

제22조 (자격상실) 본회의 자격상실은 다음과 같다.
가) 본회의 발전을 고의적으로 저해하거나 명예를 실추시킨 회원.
나) 회원의 신상정보를 임의로 공표하거나 유언비어를 날조 가공하여 회원 상호 간의 불화를 조장하는 회원.
다) 회비는 납입하고 있으나 2년 간 본회의 주관 행사나 회의에 불참하는 등

회원활동을 하지 않는 회원. 장기 입원 등 부득이 한 경우는 그러하지 않다.
라) 회원 활동 여부를 막론하고 2년 이상 연회비를 납부하지 않은 회원. 본인 통보 후 계속 입금하지 않은 회원.
마) 위 가), 나), 다), 라) 항은 징계위원회(임원회의)에서 의결한다.

제7장 징계위원회

제23조 (징계위원회) 본회는 다음과 같이 징계위원회를 설치한다.
가) 징계위원회는 회장을 위원장으로 하는 임원진으로 구성한다. 회장이 징계사유에 해당할 때는 수석부회장이 위원장이 된다.
나) 임원이 징계사유에 해당할 경우 당사자는 징계위원회 위원으로 참석할 수 없다.
다) 징계의 의결은 징계위원 2/3 이상 출석과 출석위원 2/3 이상의 찬성으로 의결한다.
라) 징계의 종류는 경고, 회원활동정지, 제명으로 한다. 단 경고는 경미한 사안일 경우 1차에 한하여 경고하고 개전의 의지가 없을 때 회원활동정지 또는 제명한다.

제8장 상 훈

제24조 (상훈) 본회의 상훈은 다음과 같다.
회원이나 회원 외 외부 인사 중 본회의 발전과 회칙 목적에 기여한 공적이 있을 시 공로패, 감사패, 위촉패, 기념패 등과 상금 및 격려금을 증정할 수 있다.

제9장 아리수문학상 운영

제25조 (아리수문학상) 본 아리수문학상 운영은 다음과 같다.
가) 아리수문학상 운영은 아리수문학상 운영규정을 별도로 제정하여 운영규정에 따라 운영한다.

나) 운영규정(제정, 개정, 폐지)은 임원회의에서 운영하고 회장은 운영위원장이 되고 모든 업무는 총회에 보고한다.

제10장 부 칙

제26조 (효력발생) 본회 정관은 다음과 같이 효력이 발생한다.
　　　　본회의 정관과 시행세칙은 부칙에 따라 효력이 발생한다.

제27조 (부칙) 본회 부칙은 다음과 같다.
　　　　부칙 제1조(시행세칙) 본회의 시행세칙은 다음과 같다.

　　　　부칙 제2조(시행일) 본 정관은 2013년 1월 30일부터 시행한다.
　　　　부칙 제2조(시행일) 본 정관은 2015년 2월 09일부터 시행한다.
　　　　부칙 제2조(시행일) 본 정관은 2016년 1월 08일부터 시행한다.
　　　　부칙 제2조(시행일) 본 정관은 2018년 1월 18일부터 시행한다.
　　　　부칙 제2조(시행일) 본 정관은 2025년 3월 12일부터 시행한다.

✻ 아리수문학상 운영규정 ✻

제1장 총 칙

제1조 (명칭)
(사) 한국문인협회 서울지회 역대지부회장협의회 제정 "아리수문학상"이라 칭한다.

제2조 (목적)
(사) 한국문인협회 서울지회 역대지부회장협의회 회원으로 본회 발전에 큰 공로가 있거나 우수한 문학작품을 발표하여 본회의 위상을 드높인 회원을 선정하여 시상함으로서 본회의 발전을 도모하고 본회 회원들의 창작 의욕을 고취시키는데 있다.

제3조 (사무국)
본 사업을 집행하기 위해 사무국은 "문협서울역대회장회" 내에 둔다.

제2장 사 업

제4조 (사업)
본 규정 제2조의 목적을 달성하기 위해 다음과 같이 사업을 수행한다.
1) 문학상 수상자 선정 및 시상
2) 문학상 수여를 위한 기금 조성 및 관리

제3장 조 직

제5조 (조직)
　본 사업의 운영을 위해 다음과 같은 조직을 둔다.
　1) 아리수문학상 심사위원회
　2) 운영사무국의 업무는 본회 사무총장이 맡는다.

제6조 (후원회)
　본 사업의 지속적인 운영을 위해 후원회를 둔다.
　1) 후원위원과 후원위원장(후원회장)은 사회적인 덕망이 있는 인사로 본회 임원들의 추천으로 임원회의에서 협의 위촉한다.
　2) 후원회원과 후원회장은 특별한 사유가 없는 한 임기는 없다.
　3) 후원위원과 후원회장은 소정의 시상금(100만 원 이상)을 후원한다.

제7조 (심사위원회 구성)
　본 문학상의 심사위원회 위원은 다음과 같이 구성한다.
　1) 아리수문학회 회장 1인
　2) 아리수문학회 수석부회장 또는 부회장 중 1인
　3) 아리수문학회 고문 중 1인
　4) 외부 저명 문인 1인
　5) 심사위원회 구성이 불가할 때 임원회의에서 의결할 수 있다.

제8조 (심사위원회의 자격 및 임무)
　본 문학상의 심사위원회 위원 자격은 다음과 같다.
　1) 회장은 심사위원장의 직무를 수행한다.
　2) 외부심사위원의 위촉은 위촉된 회장, 수석부회장, 고문들이 한다.
　　　단 자격은 문단 등단 20년 이상 문인으로 문단에서 객관적인 문학적 평가를 받은 문인이어야 한다.
　3) 심사위원회 위원이 수상 대상일 때는 심사위원에서 제외되며 결원은 부회장 중에서 심사위원장이 위촉한다.
　4) 심사위원장은 심사위원의 요청이 있거나 협의요건이 발생할 때 회의 소

집권과 수상자 발표와 심사평을 갖는다. 외부 심사위원에게 심사평을 위촉할 수 있다.

제9조 (심사위원의 임기)
본 문학상의 심사위원회 위원 임기는 다음과 같다.
1) 심사위원의 임기는 임원과 외부 위촉된 위원 공히 수상자가 결정되고 심사위원회가 폐회되면 자동 만료된다.

제4장 수 상

제10조 (수상자의 자격)
본회 문학상 수상 대상자는 문단 등단 10년 이상 본회 가입 3년 이상인 자로 다음 사항에 따라 선정한다.
 1) 아리수문학의 발전을 위해 지대한 공로가 있는 회원.
 2) 전년도 아리수문학에 우수한 작품을 발표한 회원.
 3) 최근 우수한 문학작품집을 발간한 회원.
 4) 심사위원장은 심사대상에서 제외한다.

제11조 (문학상의 구분과 상금)
문학상은 다음과 같이 구분한다.
 1) 대 상 : 상패와 100만 원
 2) 본 상 : 상패와 50만 원
 3) 특별상 : 상패와 30만 원

제12조 (심사사항)
 1) 심사위원 전원 참석 하에 심사한다.
 2) 수상 대상자는 만장일치로 선정하되 2인 이상이 후보로 오를 경우 다수결에 의해 각 분야 1인으로 선정한다.
 3) 부적결 사유가 발생 시 수상자로 결정이 되었다 하더라도 결정을 취소하고 시상 후라도 시상금은 반납받아야 한다.
 4) 당년도 수상대상이 없을 시 해당 연도의 수상을 집행 않을 수 있다.

제5장 재 정

제13조 (재정)
　문학상의 기금운용은 다음에 의한다.
　1) 문학상의 기금은 후원금, 찬조금 등 "아리수문학상"이라는 예산으로 입금된 기금으로 별도 통장으로 운영하되 부득이한 경우에 아리수문학회 기금으로 충당할 수 있다.
　2) 문학상 상패와 상금은 제11조에 준한다.
　3) 심사위원의 심사료는 내부 심사위원들이 예산 범위 내에서 결정 지불한다. 경우에 따라 외부 심사위원만 지불할 수 있다.
　4) 문학상 상금은 예산 범위 내에서 부득이 상패만 수여할 수 있다.

제14조 (회계연도)
　본 문학상의 회계연도는 매년 1월 1일부터 당해 연도 12월 31까지로 한다.

제6장 부 칙

제15조 (시행세칙)
　본 문학상의 운영에 필요한 시행세칙은 아리수문학상 심사위원회에서 제정하여 시행한다.

제16조 (준용관례)
　본회의 규정에 규정되지 않은 사항은 아리수문학회 정관 및 통상 관례에 따른다.

제17조 (발효)
　본 규정은 2025년 3월 12일부터 시행한다.

서식 #1(추천인 작성용)

아리수문학상 추천서		부 문	
성 명	(한글)		
	(한자)		
주민등록번호		전화번호	자택: HP:
현 주 소				
세대주 및 관계				
직 장 명			직위	

위의 사람을 20   년도 아리수문학상 후보자로 추천합니다.

20   .   .   .

      추천인(단체):
      주소:

아리수문학회 회장 귀하

서식 #2(본인 작성용)

아리수문학상 공적조서

부 문	

성 명	(한글)	
	(한자)	
주민등록번호		전화번호	자택: HP:
등록기준지 (구 호적법상 본적)	
현 주 소	
구로구 거주기간	

주 요 학 력

년 월 일	내 용

주 요 경 력

년 월 일	내 용	년 월 일	내 용

※ 공 적 요 지(주요 내용만 요약하여 200자 내외로 기재하십시오)

＊아리수문학상 역대 수상자＊

구 분	연 도	수 상 자
제1회	2018	심의표 김정오 오경자
제2회	2019	오희창 고광자 박하린 이강흥 김화인
제3회	2020	홍성훈 조성국 홍천안
제4회	2021	노유섭 이진숙 이명혜
제5회	2023	박영률 오진환 장승기
제6회	2024	김영석 배문석

아리수문학 제10호 • 2024

인쇄 2024년 12월 26일
발행 2024년 12월 31일

발행인 홍춘표
편집위원 박영률 이강홍 장승기 윤수아

발행처 **아리수문학회**
http://cafe.daum.net/arisuseoulwriters(아리수문학)

제작처 **을지출판공사**
주   소 | 서울시 마포구 양화진길 41, 603호
등록번호 | 1985년 2월 14일 제 2-741호
대표전화 | 02) 334-4050
팩시밀리 | 02) 334-4010
전자우편 | ejp4050@daum.net

값 20,000원

ISBN 978-89-7566-245-4   03810